Wisdom and Courage

사람의 마음을 움직이는 지혜와 용기

사람의 마음을 움직이는 지혜와 용기

초판 1쇄 인쇄 2022년 2월 15일
초판 1쇄 발행 2022년 2월 22일

지은이 | 발타자르 그라시안
편역자 | 장용운
펴낸이 | 최근봉
펴낸곳 | 도서출판 넥스웍
등록번호 | 제2014-000069호
주소 | 경기도 고양시 일산동구 장백로 20 동문굿모닝힐 102동 905호(백석동)
전화 | 031) 972-9207
팩스 | 031) 972-9208
이메일 | cntpchoi@naver.com

ISBN 979-11-88389-29-2 (03190)

세상에서 가장 소중한 사람에게 주고 싶은 책

Wisdom and Courage

사람의 마음을
움직이는
지혜와 용기

발타자르 그라시안 지음 | 장용운 편역

N넥스웍

발타자르 그라시안(1601~1658)은 17세기 스페인의 철학자이자 신학 교수였다. 그는 저술가로도 널리 알려졌고 '현자론', '영웅론' 등 수많은 저서를 남겼다. 본서는 그 저서 중에서도 최고의 명작이라 할 수 있는 '처세신탁'을 발췌, 번역한 것이다.

　일반적으로 '인생론'이라고 지칭하는 책들은 읽는 사람이 살아가는 데 지혜와 용기를 갖도록 해준다. 그러나 그 책들은 때로는 모호하거나 이상론에 머물러 단지 '공허'한 느낌이 들게 하여 대충 읽고 나서 내팽개치는 경향이 있다. 그러나 본서는 그런 보통 사람들의 심리를 예리하게 파헤쳐 '인간적인' 면에 선뜻 다가서서 탁상공론이 아닌 바로 '인생의 실전 가이드'로 삼도록 하였다.

　일반적으로 철학 교수는 인간이 살면서 '참되고 올바른 길'을 강의하는 것이 보통이라고 할 수 있다. 그런데도 발타자르 그라시안은 본서에서 보여주듯 선뜻 인간적으로 다가서서 현실적인 삶에 충실하게 하였다. 그 원천은 무엇일까?

발타자르가 살았던 당시 스페인은 '무적함대'를 보유하고 있었지만 세계를 제패한 대제국의 영화로운 시기로부터 쇠락하기 시작한 시대였다. 그러한 시대의 배경 속에서 그라시안은 신학 교수로서 단지 설교만을 한 것은 아니었다.

예수회와 관련 있던 발타자르는 종군 신부로도 활약을 했고 카탈루냐 전장을 종횡무진으로 활동하며 가는 곳마다 승리를 거두어, 병사들에게 크나큰 위안과 힘을 주었다. 오죽하면 병사들은 그를 '승리의 신부'로 지칭했을까?

그라시안이 속해 있던 예수회는 가톨릭 일부이면서 기독교의 깃발 아래 싸울 것을 결의한 병사들에 의해 구성된 군대조직이기도 했다. '예수회 수사'를 의미하는 'Jesuit'에는 '음험한 책략가'라는 또 다른 의미도 있다.

어찌 생각하면 권모술수가 난무하는 17세기 스페인에서 살았던 그라시안이 이러한 현실적인 서적을 쓴 것이 당연한지도 모른다.

발타자르는 용기와 지혜를 아낌없이 발휘하며 세상을 살아갔다. 마음뿐만이 아니라 자신의 육신도 정의를 위해서라면 기꺼이 내던질 수 있었던 용기까지 있었던 것이다.

언제나 좋은 사람, 빈틈이 없고, 있는 그대로의 자신을 내보이며 '현실적인' 삶을 살아가는 방법을 제시한 그라시안의 철학은 수 세기를 거슬러 현재를 사는 우리에게도 변함없이 적용된다.

이 책에는 사람과의 교제, 성공, 자신을 한층 고양하려는 방법, 행운 등 인생의 '심리전'에서 한발 앞서가는 방법이 구체적으로 제시되어 있다.

적은 노력으로 최대의 성과를 올리고, 적을 만들지 않으며, 냉정하게 있는 그대로의 자신과 세상을 성찰하는 본서의 시선은 이 책을 읽는 이로 하여금 또 하나의 새로운 눈을 줄 것이다. 일상의 작은 문제부터 인생의 최대 고민까지, 본서는 독자 여러분에게 최고의 '해답'을 줄 것이다.

아무쪼록 좌우명의 체크리스트이자 인생의 나침반으로 삼기를 바란다.

2022년 첫 달
편역자

CONTENTS

CHAPTER 2 /// 성공의 지름길
트릭이 알려진 마술은 하지 말아야 한다

CHAPTER 3 /// 사람의 마음을 사로잡는 방법
팽팽하게 부푼 풍선은 쉽게 터진다

CHAPTER 4 /// 선택하지 않으면 안 된다
싸움도 상대를 선택해야 한다

CHAPTER 5 /// 현재를 살아야 한다
불행한 사람 곁에는 사람들이 다가가지 않는다

Power to change life

CHAPTER 1

인생을 바꾸는 힘

일직선으로 나는 새는 바로 추락한다

완전한 사람은 없다

이 세상에 완전한 인간으로 태어나는 사람은 없다. 다만 조금씩 발전해가는 우리들의 인격과 직업의식, 그리고 숙성된 직장 분위기 속에서 조금씩 완전함으로 다가가게 된다.

그 완전함을 위하여 일종의 순례자처럼 하루하루 발을 내디딘다. 결코 하루아침에 이루어지는 것이 아니다.

또한 어느 사람이나 순례자가 될 수는 없지만 인생을 살아가는 모든 사람은 바로 이런 이름으로 인생의 길이란 한복판에 놓이게 되는 것이다.

그러다가 문득 어느 날 자신의 변한 모습을 보게 될 때 그때가 바로 완전한 자신의 모습을 볼 수 있게 된다. 한층 고상해진 취미와 샘물처럼 맑은 정신, 분노에 휘말리지 않고 현명한 판단으로 절제된 삶을 살아갈 때, 그리고 인색하고 무례하며 조급함이 자신의 의지로 자연스럽게 순화될 때, 그때가 바로 완전함으로 다가서는 것이다.◈

Power to change life

지혜는 '눈'과 같고 용기는 '손'과 같다

어느 시대를 막론하고 '대단하다!'라는 말을 듣는 사람이 반드시 가지고 있는 것은 무엇일까? 그것은 바로 '지혜'와 '용기'이다.

지혜란 '눈'과 같으며 지혜가 없다면 암흑세계에서 사는 것과 같다.

용기란 '손'이며 용기가 없다면 아무런 일도 이룰 수 없다.

왜냐하면 아무리 지혜가 있다고 하더라도 용기가 없으면 탁상공론에 지나지 않기 때문이다. 또 아무리 용기가 있다고 해도 지혜가 없으면 그것은 단순한 만용에 지나지 않는다.

지혜와 용기가 함께 갖추어졌을 때 당신은 다른 사람으로부터 칭송받는 첫발을 내디딜 수 있다.◈

노력하는 사람이 완성도를 높일 수 있다

당신이 지향하는 것은 무엇인가?

지향하는 것이 무엇이든, 그것을 실현하기 위해서는 '나는 이렇게 되자!'라는 완성도를 그려보는 것이 필요하다.

명민한 머리, 흘러넘치는 지성, 정확한 판단력, 풍부한 인간성…….

처음부터 모든 것이 갖추어져 있지는 않다. 노력해도 생각대로 되지 않을 때도 있다.

그러나 그 '완성도'를 향해서 노력하는 사람은 똑같이 높은 곳을 지향하는 동료로부터 반드시 인정을 받는다. 그리고 동료와 힘을 합침으로써 상승효과를 일으켜, 하루빨리 '목표로 하는 자신'에 도달할 수 있다.◈

명예는 스스로 얻어지는 것이다

행복 없는 세상은 정말 보잘것없는 고뇌의 삶일 것이다. 하지만 세상에서 행복이 없다 하더라도 아름다운 것이 바로 명예다.

세상에서 길이 불멸로 남는다는 자체만으로도 명예는 아름답고 숭고한 것이다.

우리가 살면서 매사가 행복이라면 매우 바람직할 것이다.

행복은 사람이 살아가는 동안에 끊임없이 주어져야 할 자양분이지만, 명예는 시간이 지난 후에 훈풍을 타고 잔잔하게 다가오게 된다.

행복은 소망의 반대이며 명예는 망각의 반대가 된다.

행복이란 소망의 대상이기는 하더라도 인위적으로 만들기도 한다. 그런 행복을 만들기 위한 인위적 노력은 살면서 그 무엇보다 활력으로 다가오게 될 것이다. 그런 희망이 없다면 당신은 아마도 기진맥진하여 생을 포기하고 말 것이다.

하지만 명예는 인위적인 것이 아니라 스스로 얻어지는 것이며 명예의 여신이 추구하는 것은 언제나 비범함을 보이는 것, 기괴하고 신비로운 것, 기적을 불러들이는 것, 우레와 같은 갈채의 대상을 추구하게 되는 것이다.◈

성공의 가능성을 검토해야 한다

계획을 세운다면 제일 먼저 검토해야 할 것은 '성공의 가능성'이다.

성공한 완성도를 머릿속에 그려볼 수 있다면 바로 시작해야 한다. 그러나 실패할 가능성이 크다면 깨끗하게 단념하는 편이 좋다.

실패를 두려워해서는 잘될 리가 없다. 또 '아마 될 거야.'라는 애매한 마음으로 시작하는 것은 금물이다. 애매한 마음가짐으로 시작하면 모호한 결과밖에 기대할 수 없다. 도중에 단념할 것이 뻔하다.

아무리 성공률이 높은 계획이라도 모두 성공할 수는 없다. 오히려 계획이 생각대로 원활하게 진행되는 경우는 드물다. 하물며 확신할 수 없는 계획의 시작만큼 무모한 일은 없다.◈

모든 사람과의 교류는 대화에서 시작된다

사람을 이해하거나, 이해를 받기 위해서 절대로 빼놓을 수 없는 것, 그것은 대화이다. 대화가 없다면 다른 사람과의 교류는 있을 수 없다. 그래서 더욱 세심한 주의를 기울이지 않으면 안 된다.

그런데 대화는 일상적으로 이루어지기 때문에 방심을 하기 쉽다.

아무렇지 않게 한 말이 생각지도 않은 오해를 부르거나, 비난의 대상이 되어버리는 경우가 있다. 이것은 모두 자신의 책임이다.

마음이 어두우면 대화도 어둡다.

마음에 악의가 담겨 있으면 그 악의는 반드시 상대방에게 전해진다.

철학의 시조인 소크라테스는 '무슨 말이든 해야 한다. 그러면 나는 너를 이해할 것이다.'라고 했다. 바로 '대화'가 사람의 심리나 성격을 나타낸다는 것을 시사했다.◈

항상 최상의 선택을 해야 한다

인생에는 몇 개의 기로가 기다리고 있다.

그러나 모든 갈림길에 '이정표'가 존재하는 것은 아니다. 자신의 판단으로 선택해야만 하는 경우가 대부분이다.

올바른 선택지를 선택하면 그 앞은 왕도(王道)로 이어진다.

그러나 잘못된 선택을 하면 미로나 가시밭길이 기다리고 있다. 막다른 길에 이르는 예도 있다.

큰 성공을 거둘 수 있는 사람이란 '항상 최상의 선택을 할 수 있는 사람'이다. 그를 위해서는 올바른 지식과 숙련된 지성, 풍부한 인간성과 경험, 그리고 무엇보다 정확한 판단력이 필요하다.

이정표가 없는 기로라는 것은 '자기 자신의 인간성'이 시험받는 자리이기도 하다.◈

반복해서 숙고해야 한다

'생각한다.'라는 행위를 게을리해서는 안 된다. 그다지 중요하지 않은 일은 물론이고 중요한 일에 대해서는 몇 번이고 반복해서 숙고해야 한다.

어떤 일의 본질을 파악하지 못한 채 섣불리 덤벼들어서 후회하는 것만큼 어리석은 일은 없다. 또 눈앞에 있는 것을 단순히 정면에서 바라보고, 수박 겉핥기로 판단해서 안심해 버리지는 않는가? 그런 안일한 자세, 단순한 생각은 개선해야 한다. 그렇지 않으면 사물의 본질을 파악할 수 없다. 말의 이면에 감춰진 본심을 읽어낼 수도 없다.

만사를 '저울'에 달아서 숙고하고 상상력을 발휘해서 모든 상황을 상정하고, 반복해서 검토해 보아야 한다.

그런 모호함을 남기지 않는 철저한 자세가 큰 성과로 이어지는 것이다.◈

섣불리 자신의 재능을 나타내서는 안 된다

대부분의 유능한 사람은 섣불리 자신의 재능을 다른 사람에게 보이고 싶어 한다. 하지만 이것이 반드시 행복으로 이어지지는 않는다.

예를 들어 '어떤 일이든 할 수 있는 사람이다.'라는 평판이 족쇄가 돼서 항상 긴장 상태를 강요받는다.

실패라도 하면 그때까지의 명성을 한순간에 잃어버릴지도 모른다.

매번 실수를 범하지 않고 완벽하게 해내면, 그 다재다능함을 '비아냥거리는' 사람도 있다. 어쩌면 능력을 타고나지 못한 사람보다 결과적으로 불행한지도 모른다.

능력을 갈고닦는 것은 좋다.

그러나 능력 전부를 발휘하는 것은 피하는 편이 무난하다.

양초는 밝게 빛날수록 꺼지는 순간이 빨라진다. 재능은 절약해서 소중하게 사용해야만 하는 것이다. ◈

모험은 위험이 따른다

행동력이나 적극성에 자신이 있는 사람은 모험을 즐긴다. 그리고 모험에는 위험이 뒤따른다.

'리스크를 두려워해서는 아무것도 할 수 없다.'라고 호언장담한다.

이것은 잘못된 것은 아니지만 위험하다고 알고 있는 장소에 자진해서 발을 들이미는 것은 어리석은 행위라고 할 수밖에 없다.

끝 모를 늪 속에 발이 빠지면 거기서 꼼짝도 할 수 없어지고, 꿈이나 목표도 그 순간 포기하지 않으면 안 되기 때문이다.

때로는 모험을 해야 할 때도 있다.

그러나 출발하기 전에 사전 조사를 게을리해서는 안 된다.

이것이 위험을 피하기 위한 가장 유효한 수단이다.

진정한 모험가일수록 사려 깊고, 또 주의 깊다.◈

위장 라벨에 속아서는 안 된다

사람의 외견과 실체는 똑같지 않다. 외견만으로 안일하게 사람을 판단하면 나중에 실체와의 차이에 놀라는 경우가 있다.

실체를 위장하기 위해서, 의식적으로 꾸민 외견을 가지고 있는 경우도 적지 않기 때문이다.

해탈한 고승이 세상의 때에 찌든 속물이거나, 자선가인 부호가 위선에 찬 탐욕가이거나, 위풍당당한 신사가 사실은 사기꾼이거나……. 실체가 경박한 사람일수록 외견을 꾸미는 테크닉에 뛰어나다.

외견에 속아서는 안 된다. 와인 병의 라벨을 바꿔치기하는 것 등은 실은 아주 손쉬운 일이기 때문이다.

와인의 가치를 라벨로 결정해서는 안 된다. 와인의 가치는 혀로 맛을 보았을 때 비로소 알 수 있다.◈

예의를 다하면 타인의 사랑을 얻을 수 있다

예의는 마법과 같은 것이다.

진정으로 예의를 다하면 타인의 '사랑'을 얻을 수 있다. '예의 바른 사람'으로 인정을 받으면 이후의 대응은 훨씬 좋아진다. 당연히 예의가 갖춰진 대접을 받을 수 있게 된다.

또 예의는 의무의 하나이기도 하다.

특히 공적인 장소에서는 예의를 지킴으로써 형성되는 분위기 같은 것이 있다.

예의가 사라지면 엄숙한 분위기가 무너지고 많은 사람에게 큰 폐와 불쾌감을 주는 예도 있다.

예의를 지키고 예의를 다한다. 대단히 중요한 것이지만, 여기에 소비되는 노력은 아주 적다. 바로 '적은 노력으로 큰 이익'을 얻는 것이다. 지켜서 손해 볼 일은 없다.◈

노력의 흔적을 지워야 한다

성공한 사람이 되는 데에는 평소에 계속 노력하고, 실력을 쌓아가야 한다. 그러나 노력하는 것만으로는 불충분하다. 왜냐하면 성공한 사람으로 다른 사람에게 인정받기 위해서는 노력의 흔적을 보여서는 안 된다.

'나는 노력해서 여기까지 올라왔다.'라는 것을 어필해서는 안 된다.

많은 사람이 '자신과는 다르다.', '나는 도저히 흉내 낼 수 없다.'라고 생각하는 사람에게 존경심을 품는다. 오랜 여행을 끝낸 자부심과 흙투성이 여행자의 복장처럼, 너무 많은 고생과 노력의 흔적이 눈에 띄게 드러나는 일로는 많은 존경을 받을 수가 없다.

노력의 흔적을 지우고 저절로 자신의 가치를 인정하게 만드는 방법이 필요하다.◈

뛰어난 사람의 특징

　뛰어난 사람의 특징은 뛰어난 사람끼리 의기투합하는 점이다. 얼핏 보고 서로 친밀감을 품는 것은 일종의 신비한 기적이라고 할 수 있다.

　이렇게 맺어진 우정은 상호 간에 존경과 신뢰로 인해 한층 긴밀하고 강인해진다. 그러므로 우리는 큰 인물과 간담상조(肝膽相照, 마음과 마음을 서로 비춰볼 정도로 서로 마음을 터놓고 사귀는 것을 말함, 간담(肝膽)은 간과 쓸개로 마음을 의미한다.)하는 것을 목표로 해야 한다. 설사 아무리 재능을 타고났다고 해도 이런 벗이 없다면 도저히 인생의 목적을 달성할 수 없을 것이다.◈

비평에 귀를 기울여야 한다

사람들에게 갈채를 받는 것은 기분이 좋은 일이다.

'당신은 대단하다.'라는 말을 듣는 것으로, 자존심이 크게 채워지기 때문이다.

그러나 언제까지 그런 기분이 좋은 상태에 도취해 있으면 안 된다.

갈채는 사람을 오만하게 만들어서 다음 단계로의 전진을 저해하기도 한다.

그리스 철학자 플라톤은 자신의 제자 중에서 유일하게 아리스토텔레스를 인정했다.

왜냐하면 아리스토텔레스는 제자이면서 동시에 가장 엄격한 플라톤의 비평가였기 때문이다.◈

항상 다른 사람이 기대하도록 해야 한다

'다른 사람이 의지할 수 있는 사람'이 되는 것은 중요하다.

현명한 사람은 항상 누군가 자신을 필요하게 한다.

그러나 다른 사람이 부탁한다고 무엇이든 흔쾌히 받아들이면 고마워하지만, 그런 고마움은 금세 잊어버린다.

샘물로 갈증을 치유한 사람은 이내 샘에 등을 돌리고 떠난다.

기대감이 사라지면 호의도 고마움도 순식간에 사라져버리기 마련이다.

그렇다면 항상 다른 사람이 기대하도록 하면 된다. 감사받는 것보다 기대감을 주는 편이 훨씬 더 큰 수확을 얻을 수 있다. ◈

어느 사람에게나 반드시 한 가지, 삶의 힌트를 배울 수가 있다

뛰어난 사람에게 배울 것은 많다.

반대로 결점투성이인 사람에게도 배울 점이 있다는 알아야 한다.

누구나 반드시 한 가지 장점이 있다.

뒤떨어지는 점만 보고 그 사람을 무시해서는 안 된다. 상대의 결점을 지적하거나, 약점을 들춰내도 득이 될 것은 아무것도 없다.

다른 사람을 존중하고 겸허하게 상대의 장점에 눈길을 주어야 한다.

그러면 어느 사람에게나 반드시 한 가지, 삶의 힌트를 배울 수가 있다. 설사 아무것도 배울 것이 없을 정도로 어리석은 사람이라도 반면교사로 삼을 수는 있다. ◈

어떤 상황에 부닥쳐도
대처할 수 있는 무기가 필요하다

　복잡한 세상을 살아가면서 길을 개척하기 위해서는 빈손이어서는 불안하다. 어떤 상황에 부닥치거나 어떤 적과 만나도 대처할 수 있는 '무기'가 필요하다.

　이때 가장 성능이 좋은 무기는 '판단력'이다. 예리한 판단력이 있으면 먼 길을 돌아가서 시간이나 체력을 낭비하지도 않으며, 사전에 위험을 회피할 수도 있다.

　또 인생의 달인은 다양한 무기를 능숙하게 사용하고 있다. 때와 장소를 잘 헤아리는 '유연성'이라는 무기, 적조차 회유할 수 있을 정도의 '기지'라는 무기, 다른 사람을 자신의 편으로 만들기 위한 '우아함'이라는 무기……

　이런 무기를 몸에 갖추고 있으면 두려워할 것은 아무것도 없다.◈

계절을 알고 수확해야 한다

음식에는 '제철'이 있다. 제철인 음식은 맛있을 뿐 아니라 사람의 몸에도 좋다.

이런 제철 음식만 먹으면 병에 걸릴 일은 없다고도 한다.

제철 이전에는 아직 익지 않아서 뭔가 부족하다. 제철이 지나면 너무 익어서 맛이 떨어진다.

일반적으로 '제철'은 10일 정도밖에 되지 않으니 아주 짧다. 그 최고의 시기를 놓치지 말고 먹어야만 본래의 맛을 즐길 수 있다.

먹을 것뿐이 아니다. 모든 것에는 '제철'이 있다. 물론 인간도 마찬가지이다.

'정신의 과실'에도 성숙의 계절이 있다. 중요한 것은 그 계절을 알고 수확하는 것이다.◈

계획적이고 전략적이어야 한다

편안함을 먼저 취하고 고생을 뒤로 미루는 사람이 많다.

그러나 젊었을 때 편안함만 찾으면 인생의 후반은 비참해진다. 젊었을 때 손쉽게 넘었던 언덕도 나이를 먹고 체력이 떨어지면 넘을 수 없기 때문이다.

고생이라는 것은 경험을 쌓는 것에 불과하다. 고생해서 새로운 지식을 얻거나, 기술을 숙련하거나 계속해서 수련하면 자신의 가능성을 넓힐 수 있다. 바로 행복해지기 위한 준비를 하는 것이다.

인생은 물론 시간에서도 계획적이고 전략적이어야 한다. ◈

새로움에서 오는 인기는 오래가지 않는다

물건이나 사람은 단지 '새롭다'라는 이유만으로도 시선을 끈다.

신입사원은 누구에게나 참신하게 보여서 귀여움을 받으며, 보졸레 누보로 대표되는 이른바 '햇포도주'는 진귀하게 여겨진다.

'햇'과 '제철'은 계절감을 중시한다는 의미에서 닮았다.

그러나 '햇'의 경우는 맛 그 자체가 중요한 것이 아니다. 맛을 즐기는 의미에서는 제철이 합리적이지만 '햇'은 향락적이다. 그리고 그 새로움에서 오는 인기는 절대로 오래 지속되지 않는다. 오만해져서 마음이 들떠 있으면 이내 주위 사람은 싫증을 내고 눈길도 주지 않게 될 것이다.

그러므로 주목을 받는 동안에 한 가지라도 실적을 올려야 한다.◈

일직선으로 나는 새는 금세 추락한다

당신은 항상 똑같은 행동 패턴을 취하고 있지 않은가?

때로는 행동 패턴에 변화를 줘야 한다. 항상 단순 명확한 행동을 반복해서는 안 된다.

당신이 하는 행동을 지켜보는 적은 당신의 단순한 패턴의 방식을 알아차리고, 허점을 파고들 것이다.

일직선으로 나는 새는 쏘아 떨어뜨리기 쉽지만, 곡선을 그리며 나는 새는 맞추기가 어렵다.

그렇다고 해서 항상 다른 사람의 눈을 속이는 일만 하는 것도 생각해 볼 필요가 있다.

세상 곳곳에는 악의가 숨어서 기다리고 있다. 이것을 능숙하게 헤쳐나가기 위해서는 지혜와 재기가 필요하다.◈

간결함은 일을 촉진하고 사람을 기쁘게 한다

금언은 모두 짧다. '간결'함은 모든 지혜가 함축된 증거이다.

어리석은 사람은 이것저것 장황하게 이야기를 늘어놓는다. 이것은 말하는 법이 서툴기보다는 이야기의 내용이 없기 때문이다.

이런 사람은 바쁜 사회 속에서 성가신 사람으로, 흡사 필요 없는 가구처럼 방의 한쪽 구석에 치워지게 된다.

현명한 사람은 시시하고 쓸데없는 이야기로 다른 사람을 성가시게 하지 않는다.

간결함은 일을 촉진하고 사람을 기쁘게 한다. 모든 좋은 이야기는 짧게 하면 할수록 한층 좋아진다. 좋지 않은 이야기라도 짧으면 그다지 나쁘게 보이지 않는다.

한 통의 양동이 물보다 한 잔의 와인이 귀중하다.◈

자신의 운세를 알아야 한다

사람에게는 적합과 부적합이 있다.

장인의 능력을 발휘할 수는 없지만 학자로 성공하거나, 자국에서는 출세하지 못하지만 외국에서 괄목할 만한 역량을 발휘하는 경우가 있다.

즉 사람의 재능은 일정하지만 그 사람의 운세가 시기나 장소, 지위 등의 상황을 결정하는 것이다.

따라서 자신의 재능은 어디에 있는가를 아는 것과 동시에 그 재능을 살릴 수 있는 운세를 아는 것이 중요하다.

운세는 여행자에게 있어서 방향을 결정하는 북극성이기 때문에 잃어버려서는 안 된다.

자신의 운세를 알기 위한 북극성은 어디에 있는지, 열성을 다해 찾도록 노력해야 한다. ◈

시야를 바꾸면 전혀 다르게 보인다

칼에는 칼날과 손잡이 부분이 있다. 칼날을 잡으면 상처를 입는다.

손잡이를 잡으면 편리한 도구가 된다. 마찬가지로 사람에게도 양면성이 있다. 밖에서는 대담하게 행동하는 사람이 집에서는 겁쟁이거나, 냉철하고 정이 없어 보이는 사람이 보기 드물게 정이 많은 사람인 경우가 있다.

똑같은 것이라도 보는 시야를 바꾸면 전혀 다른 것으로 보인다.

자신이 직면한 상황도 그것을 불운이라고 생각하는 사람이 있지만 행운이라고 생각하는 사람이 있다.

어두운 면만 보는 사람에게 빛나는 인생은 없다. 밝은 부분에 눈길을 주면 그 앞에는 멋진 인생이 보일 것이다.

무엇이든 자신에게 득이 되는 부분과 손해가 되는 부분이 있고, 그 득이 되는 부분을 발견하고 활용하는 것이 현명한 사람의 진정한 실력이다.◈

자신의 힘을 정확하게 파악해야 한다

누구에게나 인생의 '첫 무대'가 있다.

그런 '무언가 새로운 일'을 시작할 때, 반드시 생각해야 할 것은 무엇일까?

그것은 '자신의 현재의 힘을 정확하게 파악하는' 것이다.

이것만 가능하다면 비록 아무리 냉혹한 현실에 직면해도 금방 희망이 고뇌로 변하지는 않는다.

그런 '마음의 준비'가 있으면 의욕을 잃지도 않는다. 그리고 꿈을 실현하기 위해서는 현재의 자신의 실력보다 약간 더 높은 목표를 세우고 서서히 허들을 높여나가야 한다.

어떤 일에도 좌절하지 않고 꿋꿋이 살아가는 힘을 기르는 것은 자신의 실력을 정확하게 파악하는 일인 것이다.◈

믿을 수 있는 것은 자기 자신뿐이다

항상 자신의 마음을 단련해야 한다. 잘 단련된 마음은 언제라도 당신의 믿음직한 편이 되어준다.

취직, 결혼…… 이러한 인생의 중요한 순간에 당신은 무엇을 기준으로 판단을 하는가?

타인의 도움에 의지하지 않는 것, 점이나 예언자의 금언에 의지하지 않고 믿을 수 있는 것은 자기 자신이다. 그리고 최종 결단을 내리는 것도 자기 자신이다.

이를 위해서는 평소 정신을 단련해야 한다. 당신의 마음은 정답을 알고 있다.

그렇게 하면 어떤 역경에 직면한다고 해도 멋지게 극복할 수 있을 것이다.

자신의 '내면의 목소리'에 귀를 기울여 봐야 한다. 반드시 믿음직한 대답을 끌어낼 수 있을 것이다.◈

끊임없이 노력해야 한다

'있는 그대로 살아간다.'

얼마나 매력적인 삶의 방식인가?

그러나 이 경우의 '있는 그대로'라는 것은 아무것도 하지 않고 자연 그대로 있는 것이 아니다.

사람이 모이는 공원의 숲에는 태양이 나뭇잎 사이에서 내리쬐고, 계절의 순환을 누릴 수 있다. 그러나 이 숲도 사람의 손이 보살펴줘야 늘 아름다움을 유지할 수 있다. 만일 손질을 게을리하면 어느새 햇빛이 닿지 않는 울창한 장소로 변해 버릴 것이다.

아무리 훌륭한 자질이 있어도 아무것도 하지 않은 채, 계속 빛날 수는 없다.

천부적인 장점도 지속해서 갈고 닦음으로써 장점으로 유지할 수 있는 것이다.◈

현명한 사람은 실패를 반복하지 않는다

실패가 없는 인생은 없다. 사람은 누구나 실패를 범하기 마련이다.

실패하면 반성하고, 폐를 끼친 사람에게 사죄하고, 성공을 향한 단계로, 다음에 도움이 되면 그것으로 좋다. 은폐하려고 하거나 서둘러 무마하려고 하면 상처는 더 깊어진다.

거짓말도 마찬가지이다. 거짓말을 하면 그것을 지키기 위해 계속해서 거짓말을 해야 한다. 이윽고 돌이킬 수 없는 크나큰 거짓말이 되어버린다.

현명한 사람은 절대로 같은 실패를 반복하지 않는다. 그들은 실패나 거짓말이 '빚'의 이자를 낳고, 그 이자가 기하급수적으로 늘어가는 것을 알고 있기 때문이다.◈

'혀'는 인격을 판단하기 위한 재료이다

'혀'는 야수이다. 일단 우리에서 탈출하면 아무리 목줄을 가지고 뒤를 쫓아도 붙잡기는 어렵다.

또 혀는 인격을 판단하기 위한 재료로 사용된다. 그래서 경솔하게 입을 놀려서는 안 된다.

경박한 말의 주인은 경박한 인간으로 여겨져서 한순간에 신뢰를 잃어버린다.

자신의 혀는 자신의 책임으로 관리해야 한다.

폭주하지 않도록 확실히 억제하고 상황에 따라 잘 조정하면서 사용해야 한다.

그것이 원만한 인간관계를 구축하기 위한 비결이자, 또 신뢰를 받기 위한 지혜이기도 하다.◈

재능은 세상과 사람을 위해 쓰여야 한다

재능은 내면에 숨겨둬서는 의미가 없다.

다른 사람에게 인정받고 세상과 사람을 위해 도움을 줄 때야말로 가치가 있다.

재능은 겉으로 드러내고 선전이라는 빛을 쬐고서야 처음으로 빛나기 시작하는 것이다.

단, 치졸한 선전으로는 목적을 이룰 수 없다. 방법을 음미하고 때와 장소를 엄선하고 효과적으로 실행해야만 한다.

이때 과장하거나 과시하는 것은 오히려 역효과이다. 태연히 품격 있게 행동하는 것이 바람직하다.

그 방법이란 일부를 감춤으로써 다른 사람의 호기심을 유발하는 것이다.

조금씩 드러내서 '다음은 무엇이 나올까.'라고 하는 기대감을 부추긴다. 그렇게 하면 사람들의 보고 싶어 하는 마음을 유발할 수 있다.◈

운명은 바꿀 수 있다

자신에게 작은 문제라도 생기면 '이건 운명이다.'라고 손쉽게 받아들이지는 않는가?

모든 것을 '운명'이라고 단정하면 확실히 마음은 편해진다.

그러나 현실적으로는 진정한 해결은 되지 않는다.

문제의 원인을 찾아보려고도 하지 않고 그저 내버려 둬서는 사태는 점점 악화할 뿐이고 되돌릴 수 없어진다. 그렇게 된 후에는 너무 늦다.

원인을 찾는 것은 어려운 작업일지도 모른다.

그러나 용기를 가지고 정면에서 임하면 해결의 실마리가 보일 것이다.◈

인간은 7년마다 변화한다

인간은 7년마다 변화한다고 한다.

태어나서 7년째에 이성을 아는 것처럼, 그 후 14년째, 21년째, 28년째…… 그때마다 어떤 능력이 나타난다.

이제까지의 자신의 궤적을 되짚어보면 정신적으로나 육체적으로, 그리고 사회적으로도 커다란 전기가 있었다는 것을 깨닫게 될 것이다.

단, 이 '7년마다 변화'는 어느 날 갑자기 나타나는 것은 아니다. 7년 동안 본인도 깨닫지 못하는 사이에 서서히 변모해 가는 것이다.

그래서 이와 같은 7년의 자연스러운 변화를 스스로 만들어내고 심신의 모든 면에 걸쳐서 항상 탈피를 꾀해야만 한다. '지위가 사람을 만든다.'라고 말하는 것도 이것과 마찬가지이다.◈

성공의 여정은 길고 험하다

비범한 재능을 가지고 있어도 그것만으로는 성공하지 못한다. 재능은 소유자의 정신력 여하에 따라 크게 꽃을 피우기도 하지만 싹도 틔우지 못하고 사라지는 일도 있다.

강한 정신 즉, 용기가 있으면 재능이라는 무기를 손에 들고, 자신의 운명을 열어갈 수 있다.

또 성공의 여정은 길고 험하다. 지향하는 것이 바로 손에 들어오는 것도 아니다. 큰 성공을 지향한다면 도달하기까지 그에 상응하는 시간과 끈기가 필요하다.

초조해하지 말고 조용히 끈기 있게 힘을 비축해야 한다. 멀게만 느껴지는 시간을 참아낸 사람에게만 기회의 여신이 미소를 지어줄 것이다. ◈

Shortcut to success

CHAPTER 2

성공의 지름길

트릭이 알려진 마술은 하지 말아야 한다

자신을 비하해서는 안 된다

천부적인 재능을 살리는 것, 이것이 성공의 지름길이다.

기왕의 뛰어난 재능도, 사용 장소나 때를 모르거나, 발휘할 기회가 없으면 점차로 퇴색되어 버린다. 많은 사람이 자신의 재능 존재를 깨닫지 못하는 '어리석은 사람들'이다. 바로 자기 곁에 있는 파랑새를 알아보지 못하는 것과 같다.

필요 이상으로 자신을 비하해서는 안 된다. 누구에게나 어떤 형태로든 '재능'을 가지고 있다.

'나는 평범한 인간이다.'라고 슬퍼할 여유가 없다. 당신 속에 잠자고 있는 재능은 발견되어 연마되기를 '학수고대'하며 기다리고 있기 때문이다.◈

이런 사람을 가까이 해야 한다

가진 자의 행운은 사람을 잘 두는 데에도 있다. 일을 잘하는 사람을 곁에 두고 살아가게 되면 모든 행운이 굴러들어 오는 셈이다.

지혜를 알고 있는 사람을 자신의 심복으로 삼을 수 있다면 천군만마를 얻은 것과 같아 삶을 살아가는 데 많은 도움을 받게 될 것이다. 나 자신보다 깊은 사고력과 위대성을 지닌 사람과 같이 일을 한다는 것은 인생을 살면서 최대의 기쁨이 아닐 수 없다.

배우면서 세상을 살아가기에는 생이 너무 짧다. 그런데도 배움을 천성으로 알고 살아오는 사람들은 짧은 시간에 많은 것을 배울 수 있게 된다. 그들의 학식을 빌어 자신의 맹점인 무지를 메울 수 있게 되는 것이다. 바로 그 자체에서 행복이 오는 것이다.

무지한 자들이 범하는 실수는 끝이 있을 수 없기에 생자체가 힘이 든다.

그러나 단시간에 무지에서 탈피하는 것은 바로 지혜

로운 자에게 받을 수 있는 학습이며 즉시의 가르침이다.

우리들의 생을 인도하는 지혜로운 자들은 자신이 지닌 모든 배울 점들을 쌓아둔 채 그것을 우리에게 전수하는 것이다. 깨닫기엔 멀기만 한 인생살이, 그것을 단숨에 극복해 주는 것이 바로 현명한 자들이 내미는 가르침이다.

'공부하지 않으면 바보가 된다.'라는 말은 잘못이다. 바르게 말하면 '공부하지 않으면 바보인 채로 남는다.'이다. 인간이 태어난 후 그대로 내버려 두면 어찌할 수 없는 '야인(野人)'이 되어버린다. 배움으로써 인간이 된다.

재능은 과실이자 육체는 그 껍질이다. 사람들이 과실을 맛뿐만이 아니라 형태나 빛깔로 판단하는 것처럼 육체, 즉 용모나 겉모습도 사람들이 감상할 수 있는 우아하고 아름다운 모습으로 단련하는 것이 중요하다. ◈

전문가가 되려면
끝까지 한 가지 길을 추구해야 한다

　이 세상의 지식이라는 지식을 완벽하게 배우는 것은 불가능하다. 비록 도전해도 완성하는 사람은 없다.

　그것보다는 한 가지 분야에 초점을 맞춰서 지식을 깊게 해야 한다. 그러면 거의 완벽에 가까운 수준까지 도달하는 것이 가능하다.

　중요한 것은 '양'보다도 '질'이다. 지식이 넓은 것만으로는 결국은 어느 분야도 평범한 범위를 벗어날 수는 없다. 비범함을 지향한다면 한 가지 길을 끝까지 추구할 것이다.

　'자신밖에 할 수 없는', '이것만은 누구에게도 지지 않는' 길을 추구한 사람만이 사람들에게 '전문가'로 존경을 받는다.◈

공명정대하다면
후회 없는 인생을 보낼 수 있다

공명정대하다는 것은 큰 덕을 지니고 있다는 증거로, 아무것도 무서워하지 않고 용기를 가지고 임할 수 있다.

무엇에도 구속받지 않고 몸과 마음이 자유로울 수 있다. 그리고 한없이 인간으로서의 완성형에 가까울 수 있다.

또 후회 없는 충실한 일상을 보낼 수가 있다. 이것이 최대의 장점이라고 할 수 있다.

그리고 가지고 있는 재능이나 개성은 공명정대라고 하는 빛에 의해 광채를 더해서 많은 사람의 시선을 끌 것이다.◈

재능이 있는 사람은 다른 사람이 칭찬해준다

정말로 재능이 있는 사람은 자신의 재능을 과시하지 않는다. 오히려 다른 사람의 눈에 띄지 않도록 감추면서 지니고 있다. 왜냐하면 자신이 먼저 어필하지 않아도 다른 사람이 칭찬해 주기 때문이다.

'나는 대단하다.', '뛰어난 재능을 가지고 있다.'라고 태도나 말로 자랑하듯 표시하면 틀림없이 주위의 비웃음을 산다.

아주 작은 '장점'을 뛰어난 재능인 것처럼 과시하는 것도 금물이다. 그것은 마치 트릭이 발각된 마술을 연출하는 것과 같은 것으로 다른 사람의 눈에는 코미디로밖에 보이지 않는다.◈

지성이나 재능도 올바른 목적이 있어야 한다

뛰어난 지성도 재능도, 목적이 없으면 사용할 방도가 없다. 둘 다 올바른 목적이 있어야만 살릴 수 있다.

예를 들어 칼끝이 날카로운 부엌칼을 솜씨 좋은 요리사가 사용하면 칼의 본래 기능을 발휘할 수 있다. 미숙한 사람의 손에 쥐어지면 그것을 솜씨 좋게 사용하기는커녕 큰 상처를 입을지도 모른다.

만일 나쁜 목적으로 휘두르면 사람에게 상처를 주는 위험한 흉기가 된다.

나쁜 목적으로 사용하는 지성이나 재능만큼 무서운 것은 없다.◈

지혜가 있으면 필요한 해답을 끌어낼 수 있다

　세상의 많은 사람이 불안을 안고서 '무언가 부족해.', '왜 잘되지 않는 걸까.'라고 모색하면서 해답을 찾고 있다. 여기에 '지혜'가 있으면 필요한 해답을 필요에 따라 끌어낼 수 있다. 그러나 이런 능력은 누구나 가지고 있는 것은 아니다. 그런 능력의 소유자가 되는 것은 아주 소수의 사람이다.

　그래서 지혜가 있는 사람은 그 지혜를 다른 사람에게도 나누어주어야 한다. 상대가 찾는 것을 냉정하게 지켜보고 알기 쉽고 신중하게 이끌어주면 된다.

　한편 지혜가 있어야 하는 사람은 지혜가 있는 사람에게 지혜를 구해야 한다. 그리고 그 조언을 열심히 듣고 진지하게 받아들여야 한다. 적절한 지혜를 유효하게 살릴 수만 있다면 반드시 자신의 레벨 향상으로 이어질 것이다.◈

지식은 실용적으로 도움이 되어야 한다

지식을 익히는 것은 무엇을 위해서일까?

저축하는 것처럼 소중하게 품에 안고 있어서는 의미가 없다. 그렇다고 해서 과시하기 위해서도 아니다. 하물며 변변치 못한 궤변을 늘어놓기 위해서라면 어불성설이다.

지식은 실용적으로 도움이 되어서야 가치가 있다. 세상에서 일반적으로 인정받고 통용된다는 것이 증명되었을 때, 처음으로 진정한 지식으로 확립되는 것이다.

필요한 지식을 몸에 익힌 상식적인 사람을 목표로 삼아야 한다. 불필요한 지식을 과시하는 궤변가가 되어도 세상으로부터 외면만 당할 뿐이다.◈

성장하고 싶다면
자신이 무지하다는 것을 인정해야 한다

지혜로운 사람은 지혜의 소중함을 알고 있다. 그리고 항상 보다 많은 지혜의 습득을 바라기 때문에 책에서 얻거나 타인에게 조언을 구하는 것도 마다하지 않는다.

무지한 사람은 자신이 무지하다는 자각이 없다. 그뿐 아니라 '나는 모든 것을 알고 있다.'라고 자만하기까지 한다. 그래서 다른 사람에게 가르침을 구하지도 않은 채 언제까지나 무지한 채로 있다.

성장하고 싶다면 먼저 자신이 무지한 인간이라고 인정해야 한다. 그렇게 하면 무엇이 부족한지, 무엇을 배우지 않으면 안 되는지 저절로 알게 된다.◈

철학을 이해하면
그 어떤 거짓에도 휘둘리지 않는다

모든 거짓을 논파하는 방법, 그것은 철학이다. 철학을 이해할 수 있다면 어떤 거짓에도 휘둘리지 않는다.

그러나 현대인은 철학에 눈길을 주지 않게 되었다. 더는 모색하고 혹은 사상을 가지려는 일조차 경시하는 세상이 되어버린 듯하다.

철학을 배워도 배는 채워지지 않는다. 그러나 마음은 채워진다.

그 이유는 철학은 눈에는 보이지 않고 실체도 없기 때문이다. 이른바 인생을 더 풍요롭게 살아가기 위한 양식이라고 할 수 있기 때문이다. ◈

일단 멈춰서 다시 한번 잘 생각해 보아야 한다

무언가를 받아들일 때도, 부탁을 거절할 때도 잘 생각해서 답변하는 것이 좋다. 사물의 진위를 파악하지 못하는 사이에 안일하게 답변하면 되돌릴 수 없는 사태를 초래하기도 한다.

'바로 답변하지 않으면 곤란하다.' 등처럼 생각할 시간을 주지 않고 즉답을 재촉하는 것은 사기꾼의 상투적인 수법이다. 이러한 책략에는 주의가 필요하다.

즉답, 즉결을 확신하고 판단할 수 있다면 문제는 없다. 그러나 조금이라도 의문이나 의심이 있다면, 일단 멈춰서 다시 한번 잘 생각해 보아야 한다. 자신의 의사에 반해서 타협해 버린 결과는 생각보다 무겁게 짓누르며 자신을 괴롭힌다.

인생이라는 행로에는 예상치 못한 위험이 도사리고 있다. '오직 행동만 있을 뿐!'이라며 준비도 하지 않고 출발하면 그 결과는 눈에 보인다.

비록 평탄하게 보여도 수많은 함정이 입을 벌리고 있거나, 급작스러운 폭풍에 발이 묶이거나, 재난에 휩싸이는 예도 있다.

사전 조사를 소홀히 하지 말고 신중하게 걸음을 내딛는 것이 중요하다. 또 길이 막혔을 때는 그곳에서 멈추는 용기도 필요하다.

마음을 진정시키고 천천히 주위를 둘러보면 궁지를 탈출할 수 있는 실마리가 어딘가에 숨겨져 있기 마련이다. 초조해하지 말고 꼼꼼히 검토하는 냉철함도 필요한 것이다.◈

말이나 행동에 일관성이 있어야 한다

재능은 갈고닦으면 날로 광채를 더하고 내버려 두면 녹이 슬어간다. 육체도 단련하면 강해지고, 세월과 더불어 쇠퇴해간다. 이것들은 날로 당연히 변화한다.

그러나 주의나 주장, 그에 수반되는 행동은 불변이어야 한다. 그런데 분명한 이유나 중대한 사정이 있는 것도 아닌데 말과 행동을 번복하는 사람이 있다.

어제의 발언과 오늘의 발언이 다르고, 타인의 의견에 좌우 당한다. 오래된 것에는 금세 끌린다. 바람의 방향에 따라 빙글빙글 방향을 바꾸는 모습은 흡사 풍향계와 같다.

이러한 사람은 자신의 명예를 스스로 상처 내고 있다는 사실을 깨닫지 못한다. 말이나 행동에 일관성이 없는 사람은 결국에는 어느 사람에게도 신뢰를 받지 못하게 된다.◈

좋은 약은 그 효과가 크면 클수록 쓴맛이 강하다

진실이란 좋은 약과 같다. 진실을 말함으로써 사람을 혼란의 심연에서 구할 수 있고, 죄책감에 고뇌하는 사람의 눈을 뜨게 할 수도 있다.

그러나 좋은 약은 그 효과가 크면 클수록 쓴맛이 강하다. '좋은 약은 입에 쓰다.'라는 말 그대로이다.

따라서 진실을 말할 때는 그 쓴맛을 조금이라도 완화할 방법을 연구해야 한다.

예를 들어 오블라투(녹말로 만든 반투명의 얇은 종이 모양의 물건. 맛이 써서 먹기 어려운 가루약이나 끈적거리는 과자 따위를 싸서 먹기 좋게 만드는 데 쓴다.)에 싸거나 아니면 단맛을 첨가해서 쓴맛을 완화하면 좋다.

직설적으로 진실을 말하면 상대방에게 큰 충격을 주는 예도 있다.

그러나 완곡하게 말하거나 다른 예를 들면서 이야기를 하면 상대방도 거부반응을 일으키지는 않을 것이다. ◈

예리한 통찰력이 있어야 한다

　현시대를 살아가기 위해서는 예리한 통찰력이 요구된다.

　통찰력이란 하나를 들으면 열을 아는, 혹은 빙산의 일각을 보고 전체를 파악하는 것과 같은, 만사의 본질을 간파하고 파악하는 능력을 말한다.

　이해력이 빠른 사람은 상대방이 생각하고 있는 것을 전광석화처럼 빠르게 읽어내고, 살쾡이와 같은 예리한 눈초리로 상대방의 목적을 정확하게 알아맞힌다.

　통찰력을 단련하면 진실의 이면에 숨겨진 거짓을 간파할 수 있다. 대화 중에 상대방의 본심과 진짜 목적을 알아챌 수도 있다.

　즉 지금까지 실체가 불명확했던 것의 정체를 파악할 수 있는 것이다.◈

지향하는 목표를 잃지 말아야 한다

　살아가는 데에 있어서, 특히 번거로운 것 중 하나가, 다른 사람의 악의이다.

　악의를 품고 다가오는 사람은 수단과 방법을 가리지 않는다. 위장해서 속이고, 예기치 못한 방향에서 갑자기 공격해오는 것은 그들의 상투적인 수법이다.

　그런 악의로부터 자신을 지키기 위해서는 그들의 목적을 사전에 파악하고 대항할 수 있는 준비를 해두어야 한다. 그런데도 그들은 집요하게 모든 속임수를 써서 공격해올지도 모른다.

　그렇다면 한층 더 높은 방법을 고안해서 역습하는 전술을 써야 한다. 그러나 냉혹한 현실을 살아가기 위해서는 그 길을 피해야만 통과할 수 있는 길도 있다.

　중요한 것은 지향하는 목표를 잃어버리지 않는 것이다. 기본자세만 유지할 수 있다면 어떤 싸움도 무서워할 필요가 없다.◈

너무 솔직해서 고지식한 것은 좋지 않다

　정직하고 온후한 성격을 지닌 사람은 주위를 안심시킨다. 사람들은 평온을 찾아서 그 사람에게로 모인다. 단, 그런 정직함을 이용하려는 사람도 있다.

　정직한 것은 좋다. 그러나 너무 솔직해서 고지식한 것은 좋지 않다. 사기꾼에게 최고의 먹잇감이 된다.

　나쁜 사람에게 대항하기 위해 교활하게 행동하는 것도 중요한 일이다. 생태계 동물들은 그 방법을 알고 있다.

　적으로부터 공격을 피하고자 주변의 색에 따라 변화하고, 자신의 몸을 위장하는 사람, 평소에는 어둠 속에서 몰래 숨을 죽이고 있다가 사냥감이 사정거리에 들어온 순간 공격하는 사람처럼 살아가기 위해서는 뱀과 같은 교활함과 비둘기와 같은 온후함을 익히는 것도 지혜 중의 하나이다.◈

자신의 본래 모습만으로는 살기 어렵다

자신의 본래 모습 그대로, 자신답게 살 수 있다면 그것이 가장 좋은 삶의 방식이다.

그러나 지금은 그것만으로는 살기 어렵다. 몇 가지 가면을 준비해 두고 장면에 따라 나눠서 사용하지 않으면 안 될 만큼 복잡한 세상이 되었기 때문이다.

그렇다고 해서 가면을 쓴 채로 있으면 어느 사람이나 진정한 자신을 이해할 수 없게 되는 두려움이 있다.

가면은 어디까지나 예의로써, 그 자리에 어울리는 것을 쓰면 된다. 바로 결혼식장에서 예복을 착용하는 것과 같다.

공식적인 자리에서는 가면을 써도 인간 대 인간으로 대면할 때는 역시 본래의 모습을 보여주는 것이 좋다.◈

만사에는 모두 '절도(節度)'가 있다

격이 있는 농담은 웃음을 자아내고, 팽팽한 분위기나 긴장된 마음을 풀어준다. 바로 '한 모금의 청량제'와 같다.

하지만 청량제는 어디까지나 청량제다. 계속해서 복용하면 안 된다. 피곤할 때, 아주 가끔 복용할 때 가치가 있다.

인간의 진가는 진솔한 언동, 진지한 행동에 의한 삶의 모습에 의해 평가된다는 것을 잊어서는 안 된다. 그것이야말로 우리들의 본업인 것이다.

시시한 익살이나 경솔한 말을 연발하면 결국엔 신뢰를 잃어버리게 된다.

어떤 일을 이룰 때에는 절도(節度)를 지켜야 한다. 한도를 넘으면 정의는 악이 되고, 용기도 무모함이 된다. 친절도 지나치면 간섭이 되고 세련됨도 도를 넘으면 촌스러워진다.

만사에는 모두 '절도'가 있다. 이것을 밑돌아도 안 되지만 상회해도 가치가 없어진다.

우유를 짤 때, 만약 힘을 너무 주면 우유에 피가 섞여 나오는 경우가 있다고 한다. 맛있는 우유를 마시고 싶다면 적당한 힘 조절을 해야 한다.

과격한 말은 자극적이어서, 그만 귀를 기울이게 되고 일시적으로 사람들의 눈길을 끈다. 그러나 단지 그뿐이다. 처음에는 진귀하게 여기지만 점차로 경박함이 드러나서 사람들이 질리게 된다.

궤변을 주장하는 것도 기행을 반복하는 것도, 사실은 자신감이 없다는 간접증거다.

말은 정론을 이야기하고, 행동은 성실해야 한다. 정도를 가야만이 사람은 신뢰를 얻을 수 있다.◈

짝퉁은 절대로 명품이 될 수 없다

수는 실수와 허수가 있는 것처럼, 또 사업에도 실업과 허업이 있는 것과 마찬가지로 인간에게도 '실(實)의 사람', '허(虛)의 사람'이 있다.

기초를 확실히 다지고 노력해서 구축한 것은 어지간한 일로는 허물어지지 않는다. 이것이 '실(實)의 사람'의 정체이다.

'허(虛)의 사람'이란 거짓된 인생을 사는 사람을 가리킨다. 기초도 없으면서 있는 것처럼 행세한다. 하지 못하는 부분은 위장해서 속인다. 거짓이 들통날 것 같으면 더 큰 거짓으로 속인다.

이런 행동을 계속하면 언젠가 도금이 벗겨져서 실체가 드러나게 될 것이다. 짝퉁은 아무리 감추려고 해도 짝퉁이며, 절대로 명품이 될 수 없다.◈

자신의 가치를 올바르게 평가해야 한다

자신에게 너무 많은 불만을 가져서는 안 된다. 불만은 입에 담아도 절대로 해소되지 않는다. 점점 더 자신을 궁지로 몰아갈 뿐이다.

자신에게 만족해서도 안 된다. 스스로 자신의 한계를 결정해 버리는 것과 같다. 그 결과 '이 세상에는 나 이상가는 것은 없다.'라고 하는 어리석은 과신으로 이어진다.

자신의 가치를 올바르게 평가해야 한다. 그리고 평소에 꾸준히 단련해서 평가를 높여가야 한다. 그것이 이윽고 과신이 아닌 진정한 '자신감'이 되는 것이다.◈

누구에게나 욕심이 있지만
그 욕심을 모두 채우는 것은 불가능하다

자신의 욕심만을 채우기 위한 행동은 적을 만들기 쉽다.

누구에게나 욕심이 있지만, 그 욕심을 모두 채우는 것은 불가능하다. 타인과 절충해서 조정하거나 때로는 타협해서 해결해야만 하는 예도 있다. 타인에게도 나름대로 이유가 있으니 자신의 욕심만 무리하게 관철하려고 하면 충돌하는 것은 필연이다.

자신의 욕심은 '마음의 군살'이라고 할 수 있는 것으로, 여기에 포로가 된 사람은 냉정함을 잊고 자기 멋대로 행동하게 된다. 비겁한 수단을 사용하는 것도 마다하지 않는다. 반성도 하지 않는다. 타인에게 상처를 주어도 죄책감조차 느끼지 못한다. 바로 인간성이 모자란 것이다.◈

현명한 사람의 마음은
다이아몬드처럼 단단하다

세상에는 유리처럼 깨지기 쉽고 상처 입기 쉬운, 섬세한 신경을 가진 사람이 있다.

이런 사람은 아주 사소한 일에도 흥분하고 말 한마디에도 모욕감을 느끼고, 다른 사람의 아무 의미도 없는 태도에도 오해해서 화를 낸다. 그리고 늘 '불쾌하다.'라는 말을 입에 달고 살면서 주위의 모든 사람의 기분을 엉망진창으로 만들어버린다. 이런 사람은 섬세하다기보다는 사려가 없는 유치한 것이다.

이에 비해서 자신을 사랑하고 타인을 사랑하고, 세상을 사랑하는 현명한 사람의 마음은 다이아몬드처럼 단단하다.◈

잘못을 범했으면
마땅히 반성하고 사죄해야 한다

사람은 누구나 자신도 모르게 잘못을 범할 때가 있다. 잘못을 범했으면 마땅히 보상해야 한다.

그 보상의 첫발은 '반성'과 '사죄'이다. 이 두 가지만 잊지 않으면 이후의 문제는 대체로 원만하게 해결할 수 있다.

'아무도 모르게 고쳐놓으면 된다.'라고 생각해서 임시변통으로 속여서는 안 된다. '돌이킬 수 없는 일을 저질렀다.'라고 머리를 감싸고 괴로워할 필요도 없다. '내 책임이니 혼자서 해결하지 않으면 안 된다.'라고 묘한 의무감에 휩싸일 필요도 없다.

먼저 한마디 '죄송합니다.'라고 말을 한다.

가장 어리석은 것이 사죄의 말을 하기 전에 자기 보신을 위한 변명만 늘어놓는 것이다. ◈

지나친 정의감이야말로 죄이다

평소에 타인의 잘못을 찾는 일에 온 힘을 다하는 사람이 있다. 사소한 흠집을 발견해서는 그것이 죄라도 되는 것처럼 책망하거나 주위에 알린다.

자신이 마치 '정의의 히어로' 또는 '세상의 죄를 재판하는 재판관'인 듯하다.

그러나 지나친 정의감이야말로 죄이다.

타인의 입장을 생각지도 않은 채, 전후 사정을 고려하지 않고, 단지 '정의'나 '정론'을 주장하는 것은 마치 어린아이와 같은 사고방식이다.

진정한 성인은 죄를 고발하기 전에 먼저 인물을 본다. 인품에 더해서 심경이나 주변 상황 등을 고려하는 것도 게을리하지 않는다. 그리고 진정한 성인의 가치는 모든 것을 고려한 위에 '용서하는 것'이 가능한지 어떤지로 결정하는 것이다.◈

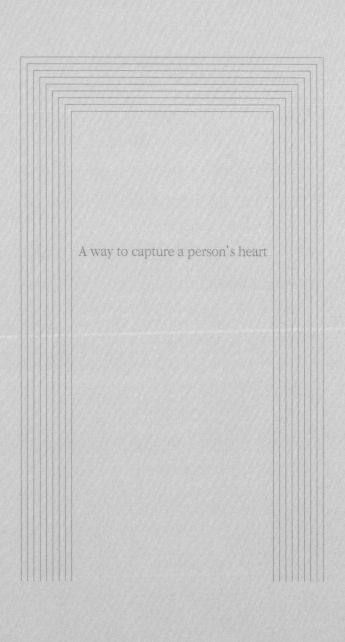

A way to capture a person's heart

CHAPTER 3

사람의 마음을
사로잡는 방법

팽팽하게 부푼 풍선은 쉽게 터진다

A way to capture a person's heart

결점은 누구에게나 있다

결점을 결점인 채로 놓아두지 말아야 한다.

세상에는 다른 사람의 결점을 찾아내는 것을 좋아하고, 약점을 찾아내서는 먹잇감으로 삼는 나쁜 사람이 있다. 최악의 경우, 파멸의 길로 이어지는 예도 있다.

결점은 누구에게나 있다.

그러나 그 결점의 대부분은 간단하게 고칠 수 있다.

또 결점을 잘 극복하면 장점으로 바꿀 수도 있다. 혹시 다른 사람에게 결점을 지적당해도 고민할 것은 없다. 실망할 필요도 없다. 언젠가 새로운 장점이 하나 늘어나기 마련이다.

줄리어스 시저는 다리가 불편했지만, 이 신체상의 핸디캡을 바꿔서 명예를 얻는 일에 성공했다.◈

화는 타오르기 전에 이성의 불로 꺼야 한다

자신에게 불리한 일이 일어나면 화의 감정이 생긴다. 예상치도 않은 행운을 얻으면 기쁨의 감정이 북받쳐 오른다. 감정을 가진 인간이라면 당연한 반응이다.

그러나 절대로 감정에 휩싸여서 행동해서는 안 된다. 자신을 잊어버릴 정도로 감정적이 된 사람은 허점투성이다.

무방비 상태의 자신을 세상에 드러내는 것은 너무 위험하다. 악의를 가진 사람이 그 허점을 찔러서 악용할 수도 있다. 감정에 빠져 이성을 잃어비린 사람은 나중에 큰 위험에 직면하기도 한다.

화에는 광기의 일면이 있다. 한번 불타오르면 간단히 끌 수 없다. 화는 타오르기 전에 '이성'이라는 물로 끄는 것이 가장 좋다. 그러나 인생에는 화를 내지 않으면 안 되는 장면이 있다. 그럴 때도 이성의 일부를 남겨두도록 평소에 마음을 단련해 두어야 한다.

화를 낼 때는 더욱 신중함을 잊지 않도록 해야 한다.

첫 번째는 '지금 화를 내는 것은 평소의 자신이 아니다. 일시적인 광기를 지닌 인간이다.'라고 객관화하는 것이다.

두 번째는 화가 치밀어 올라도 '반드시 출발점으로 되돌아온다.'라고 자각하는 것이다. 화는 일시적이다. 속도를 줄인 시점에서 바로 되돌아가면 폭주를 멈출 수가 있다. ◈

불행은 불행 자체에서 전염이 된다

행운은 이웃들에게까지 다른 행복을 안겨다 준다. 그와 마찬가지로 불행은 불행하게도 그 자체에서 전염원이 된다.

그래서 사람들이 모여 사는 세상이라면 행복해지기 위해 불행한 자들을 곁에 두어서는 안 된다.

세상에 있는 불행은 대개 어리석음에서 발단된다. 이 세상에 불행한 인생을 살고 싶어 하는 사람은 아무도 없다. 그런 생각을 하면서도 행동은 불행으로 가까워지고 있는 사람들이 얼마나 많은가. 그런 사람들에게는 희망조차 망상으로 변질하고 만다.

불행한 사람들이 하는 상상이란 불을 보듯 뻔한 것이다.

그것은 결코 희망이 될 수 없다. 불행에서 벗어날 수 없는 생각만을 하는 것이 그들의 심리이며 그래서 그들을 곁에 두어서는 안 된다.

어리석음으로 얻어지는 불행이라면 그쪽으로 가담한 모든 인간이 불행해지는 것이다.

  무엇에도 만족하지 못하는 사람은 불행하다.

  '이것을 가지고 싶다.', '이것을 하고 싶다.'라고 망상은
하지만 그를 위한 노력도 하지 않고, 항상 불평불만을 늘
어놓는다. 세상 탓을 하거나 때로는 자기혐오에 빠져서
무의미한 일상을 보낸다.

  현명한 사람은 이런 망상으로 하루하루를 보내지 않
는다. 자신의 내면을 객관적으로 응시할 수 있기 때문이
다. 마이너스 기분이 생겼다고 느낄 때는 의식적으로 플
러스 기분을 끌어낸다. 이렇게 해서 균형을 취해서 안정
을 회복한다.

  이렇게 변덕스럽게 찾아오는 어리석은 망상에 분명하
게 브레이크를 걸 수 있다.◈

무의미한 고집은 자신감이 없기 때문이다

한 가지 일에 고집을 피우고, 끝까지 집착하는 사람이 있다. 그 완고함이 확고한 신념에 기반을 둔 것이라면 다른 사람들은 존경할 것이다.

그러나 잘못된 신념에 의한 것이라면 단순히 '고집불통의 어리석은 사람'으로 사람들로부터 조롱의 대상이 된다.

무의미한 고집은 자신에게 자신감이 없기 때문이다. 자신감이 없으니 마음과 생각에도 여유가 없다. 그래서 '이 것밖에 없다.'라는 식으로 하나의 신념을 묶고 늘어지는 것이다.

그런데 한 가지 예외가 있다. 만일 양보하면 끝이다, 모든 것을 다 잃어버린다고 하는 배수진을 치고 있을 때는 말할 필요도 없이 단호하게 자신의 의견을 고집해야 한다. ◈

완벽함을 지향하는 것만으로도
완성되어 나가는 것이다

　결점을 갖지 않는다는 것은 완벽한 인간이란 뜻이 되기도 한다. 물론 세상엔 그런 인간이 있을 리 없다.

　하지만 완벽한 인간은 못 될지라도 그것을 지향하는 것만으로도 인생은 완성되어 나가는 것이다. 육체적이라든가 정신적인 도덕적이라든가 하는 면에서 모든 사람은 완벽을 이룰 수가 없다.

　또한 사람들은 단순하게 인간의 결점을 쉽게 고칠 수 있다고 생각한다. 너무 흔하게 보기에 당연하다고 느끼는 사람들도 있다. 하지만 그것은 옳지 못하다. 그러한 생각들은 인간의 명성에 흠집을 내게 된다. 흔하다 해서 보편성의 진리가 될 수는 없다. 그것은 실수를 좋아하는 인간들의 합리화며 핑계에 지나지 않는 것이다.

　상대를 비방하는 자들은 그 상대의 결점이 나타나기만을 기대하며 한없이 들추어낸다.

　만일 인간의 결점을 장점으로 바꿀 수 있는 사람이 있다면 정말 대단한 인기를 얻게 될 것이다.◈

증오 대부분은 자신의 독단과 편견 때문이다

모든 감정 중에서 '증오'라는 감정이 가장 성질이 나쁘다.

생명에 관계되는 공격을 받거나, 명예를 훼손하는 폭언을 들으면 그 사람을 증오하는 것은 어쩔 수 없다.

그러나 대부분은 자신의 독단과 편견에 의한 경우가 많다.

'콧대 높은 태도가 마음에 들지 않는다.', '기껏 충고를 해줬는데 무시했다.', '내가 아닌 다른 사람을 선택했다.' …… 등의 사소한 일로 너무 쉽게 다른 사람을 증오한다. 그러나 다른 사람의 입장에서 보면 단순히 개인적인 사정에 지나지 않는다.

이런 증오나 반감을 그대로 드러내면 결국은 자신의 평판에 상처를 입히게 된다.◈

어수룩한 사람과 태연자약함은 다르다

불합리한 취급을 받아도 화를 내지 않고, 자존심이 상처 나도 흘려버리고, 바보처럼 '화'도 내지 못하는 '어수룩한 사람'이 있다.

화를 내야 할 때 화를 내지 않으면 다른 사람이 만만하게 보고 경멸의 대상이 되기 쉽다. '무슨 일을 당해도 화를 내지 않으면 아무리 심한 일을 해도 된다.'라고 생각하는 사람들도 생길 것이다. 마치 까마귀에 뜯겨서 너덜너덜해져도 멀뚱하게 서 있는 허수아비와 같은 사람이다.

한편 시시하고 유치한 소리에 귀를 기울이지 않고 신념을 가지고 자신의 길을 '태연자약'하게 나아가는 사람도 있다. '어수룩한 사람'과 '태연자약'은 다르다. 둘을 혼동해서는 안 된다.◈

첫인상이 절대적은 아니다

사람은 불과 6초 만에 처음 만난 사람의 인상을 결정한다고 한다.

확실히 첫인상이란 감각적이면서 꽤 많은 부분에서 들어맞는 경우가 많다.

하지만 첫인상이 절대적이 아니란 점은 잊지 말아야 한다. 게다가 첫인상에 너무 집착하면 시야가 협소해지고 다른 부분을 볼 수 없게 된다.

'착해 보이는 사람'이라는 첫인상에 너무 얽매여서 사기를 당하는 예도 있다.

'차가워 보이는 사람'이라고 단정해서 내면에 감춰진 따스함을 알아차리지 못하는 일도 있다.

사람을 올바르게 평가하는 데에는 시간이 걸린다. 천천히 시간을 두고 서로 이해해 가는 것이 이상적이다.

인생을 살다 보면 싫은 일도 당연히 하게 된다. 또한 싫은 사람을 만나게도 된다. 정말 다시는 생각하기도 싫은 일들을 겪기도 한다.

이런 모든 일은 인생을 살아가는 데 도움이 될 수 없는 불쾌한 일들이다. 하지만 모든 사람은 거의 이런 일들을 겪으며 세상을 살게 된다.

그만큼 우리가 살면서 밀접한 관계에 있는 것들이 바로 이런 혐오감의 감정들이다. 사람이라면 누구나가 지닌 이런 혐오감은 자연스러운 것이지만 문제가 되는 것은 직관적으로 상대를 판단해 버리는 것이다.

첫인상이 싫은 나머지 그 사람이 지닌 우수한 장점들을 그냥 방관해버리게 되는 것이 문제가 된다. 이런 직관으로 인해 훌륭한 인격을 갖춘 사람을 단번에 천한 인간으로 판단해 버리기도 한다. 정말 불행이 아닐 수 없다.

하지만 이를 다스릴 수 있는 것이 바로 지혜이다. 사람을 단순한 인상으로 판단하는 것이 아닌 그 깊은 심적인 상태까지 인식할 수 있는 것이 바로 지혜의 안목이다.

지혜로운 사람들은 그들을 함부로 판단하지 않는다.◈

단점에만 눈길을 주는 사람은 불행한 사람이다

모든 것에는 장단점이 있다.

장점에 눈길을 주는 사람은 행복한 사람이다. 자신도 여유로운 마음을 가질 수 있고, 장점을 가진 당사자도 분명히 기쁠 것이다.

불행한 것은 단점에만 눈길을 주는 사람이다. 장점에는 눈길도 주지 않은 채, 한 가지 단점을 끄집어내서는 소란을 피운다. 자신의 마음은 뒤틀리고 다른 사람의 마음을 짓밟고, 미움을 산다. 좋은 일은 하나도 없다.

꿀벌은 벌집을 만들기 위해 꽃의 꿀을 모은다. 독뱀은 체내에 독을 비축하기 위해 독액의 원료가 되는 오물을 먹는다. 인간에게도 꿀벌과 같은 사람과 독뱀과 같은 사람이 있다. 행복해지고 싶다면 독을 모으지 말고 꿀을 찾도록 해야 한다.◈

결점은 그 사람의 일부일 뿐이다

하나의 결점을 들춰내서 그 사람의 모든 인격을 부정해서는 안 된다. 결점은 어디까지나 그 사람의 일부에 지나지 않는다.

완벽한 사람은 이 세상 어디에도 없다. 누구나 결점 한두 가지를 가지고 있다. 그 결점을 빼고도 많은 장점이 있으므로 인간관계가 성립하는 것이다.

결점은 결점으로 따로 떼어놓고 생각해야 한다. 결점도 포함해서 전체적인 평가하는 눈을 가져야 한다.◈

유머는 사람을 끌어당긴다

긴장된 분위기 속에서 가볍게 던진 유머가 분위기를 부드럽게 하는 경우가 있다. 특히 모두에게서 존경을 받는 사람이 던지는 유머는 절대적인 치유 효과가 있다.

중차대한 문제를 의논하고 있을 때, 그 자리에 참여한 사람들은 지쳐간다. 지친 몸과 정신 상태로 의논을 계속해도 여간해서는 좋은 해답을 끌어낼 수 없다.

그뿐 아니라 논의의 초점이 어긋나서 본래의 주제와 다른 내용으로 변질하여 있는 예도 있다.

이런 정체된 상태 중에서 유머를 생각해내는 것은 마음에 상당한 여유가 없으면 어렵다. 이 마음의 여유야말로 사람의 마음을 끌어당기는 신비한 자석이다. ◈

상상력은 인생을 좌우하는 힘이 있다

'상상력'에는 인생을 좌우할 힘이 있다.

어떨 때는 억제하고, 또 어떨 때는 자유분방하게 발휘해서, 이 힘을 잘 구분해서 사용하는 것이 중요하다.

당신의 인생이 행복해질 것인가, 불행해질 것인가는 상상력이라는 괴물을 어떻게 조정하느냐에 달려 있다. 당신이 자신의 인생에 만족하는가, 만족하지 않는가도 상상력에 의해 결정된다.

어떤 사람은 상상력 때문에 항상 고통에 찬 인생을 보낸다. 또 어떤 사람에게 상상력은 모험과 행복을 약속하는 것으로 무한한 쾌락을 꿈꾸기도 한다.

그래서 우리는 건전한 판단력과 모든 신중함을 가지고 항상 이 힘을 조정하지 않으면 안 되는 것이다.◈

최상의 친구는
무슨 일이 있어도 배신하지 않는다

참치는 심해를 헤엄치며, 청어는 해수면에 무리를 짓는다. 참치와 청어가 친구가 되는 일은 없다.

사람의 가치는 그 사람이 어떤 친구와 사귀고 있는가를 보면 알 수 있다. 현인과 우인 사이에 의기투합하는 일 따위 없다.

진실한 친구를 고르는 것은 인생에서 중요한 일 중 하나이다.

그러나 일반적인 교유관계란 우연히, 혹은 자신도 모르는 사이에 이루어지는 것으로, 자신이 '자발적으로 고른 친구'는 의외로 적다.

우연히 만난 사람 중에서 진실한 친구를 찾아내는 일도 있지만, 그 확률은 그다지 높지 않다. 대부분은 '놀이친구'의 영역을 넘지 않는 레벨일 것이다.

진실한 친구란 서로의 이해 때문에 이어지고, 상호 간에 절차탁마해가는 관계이다.

존경할 수 있는 친구를 발견하기 위해서는 먼저 자신이 존경받는 인간이어야 한다.

'친구'라는 카테고리 속에 포함되는 사람은 많을지 모른다. 그러나 그중에서 레벨을 분류해 보면 최상 랭크에 위치하는 친구는 아주 극소수라는 것을 깨달을 것이다.

랭크 1은 즐거운 시간을 공유할 수 있는 사람으로 이것이 최저 라인이다.

랭크 2는 기쁨을 공유할 수 있는 사람이다.

랭크 3은 슬픔을 나눌 수 있는 사람이다.

그리고 최상 랭크는 '계속해서 시련을 겪어도 성실함을 잃지 않는 사람.'이다. 최상의 친구는 무슨 일이 있어도 배신하지 않고 '평안함'을 준다. 최상의 친구를 얻기는 쉽지 않다.

시간도 걸린다. 그러나 아무리 시간이 걸려도 혹독한 시련을 만나더라도, 찾아낼 만한 가치가 있다.

'평상시 친구'라면 얼마든지 있고 발견하기도 쉽다.

어떤 경우에도 자신의 편이 되어주는 사람, 이른바 단 한 명이라도 좋으니 '역경의 친구'를 갖는 것이 중요하다. 인생이 원만하게 굴러가고 있어도 좋지 않은 평판을 듣거나 하면, 혼자서 역풍을 맞지 않으면 안 된다.

'역경의 친구'는 이런 경우에 마음 든든한 자신의 편이 되어준다. 운명도 세상도 외톨이라면 한층 냉혹하게 공격해오지만, 둘이라면 그렇게 손쉽게 공격해 올 수는 없다.

혼자서 서 있는 사람에게 불어오는 역풍은 강하다. 그래서 사람은 신뢰할 수 있는 평생의 친구를 가지고, 이럴 때 무거운 짐이나 슬픔을 둘이서 나눌 수 있도록 해야만 하는 것이다. ◈

정의는 행동이 수반되어야 한다

정의란 진리를 지키는 수호신과 같은 것이다.

그러나 정의를 '관철'하는 것은 '생각'보다 훨씬 어렵다.

'정의'를 연호할 뿐 행동이 수반되지 않는 사람이 많다. 평온할 때는 정의를 입에 담으면서도 자신에게 위험이 닥치거나 상황이 나빠지거나 하면, 바로 태도를 바꾸는 경우도 적지 않다.

진정한 정의감에 불타는 사람은 자기 자신을 그렇게 호명하지 않는다. 권력에도 굴하지 않고, 영합하지도 않는다. 흔들림 없는 신념을 가지고 언행일치를 실천하는 것만이 중요한 것이다.◈

A way to capture a person's heart

자신에게 플러스가 되는 친구를
선택해야 한다

좋은 친구를 갖는 것의 효과는 헤아릴 수 없다.

그것은 취미나 품행에도 전염되는 성향이 있고, 자신도 모르는 사이에 인격과 정신도 친구의 영향을 받기 때문이다.

성격이 급한 사람은 신중한 사람을 친구로 삼으라는 말처럼, 성격이 다른 사람끼리 사귀면 점차로 중화되어서 이상적인 성격이 가능하다.

중요한 것은 자신과 타인을 조화시키는 것이다. '대조'가 미와 조화를 빚어낸다. 더불어 친구를 선택함에 있어서는 '배합'을 고려하면 좋다.

적당한 융화는 반대되는 것의 결합으로 생성되는 것이다. 또 친구를 고른다면 당신에게 플러스가 되는 상대를 선택해야만 한다. 즉 자신이 현명한 말을 하면 친구는 감탄하며, 또 현명한 친구로부터 배우는 지혜로 인해 자기 자신도 이익을 얻기 때문이다. ◈

남의 이야기는
미담이나 선행을 화제로 삼아야 한다

사람이 모이면 남의 험담에 관한 이야기로 꽃을 피운다. 남의 험담을 즐겁게 이야기하는 것은 피해야 한다. 대체로 험담의 대상이 되는 것은 그 자리에 없는 사람이다. 없는 사람을 업신여김으로써 그 자리에 있는 사람의 환심을 사려고 하는 것은 얼마나 비겁한 행동인가?

만일 그 험담을 즐거운 듯이 듣고 있는 사람이 있다면 그 사람 역시 비겁한 사람이라고 할 수밖에 없다.

남의 이야기를 한다면 미담이나 선행을 화제로 삼아야 한다. 좋은 화제를 제공하는 것은 간접적으로 듣는 사람에게 경의를 표하는 것이 되기 때문이다.◈

적의는 사전에 방비하는 것이 가장 바람직하다

다른 사람의 적의는 위협이다. 이유도 없이 당신의 명예를 훼손하거나, 당신에게 불이익만 준다.

그런 적의에 대해서 적의로 대해서는 안 된다. 복수 따위를 계획해도 무의미하기는 물론 오히려 사태를 악화시킬 뿐이다.

적의는 사전에 방비하는 것이 가장 바람직하다. 적의를 품지 않도록 하기 위해서는 주위에 항상 호의를 표시하는 것이다. 다소의 노력을 해서 도움을 주는 것도 좋다. 다른 사람의 마음을 자신에 대한 감사의 마음으로 채워주면 적의가 끼어들 여지가 없다.

사람의 마음에는 악의도 있지만, 악의는 영원히 지속되는 것은 아니다. 이쪽에서 끈기 있게 선의를 표시하면 다른 사람의 악의도 이윽고 선의로 바뀔 것이다.

그렇다고 벗을 지나치게 사랑해서는 안 된다.

적을 지나치게 미워해서도 안 된다. 애정도 증오도 적당히 유지한다. 이것이 지혜라는 것이다.

오늘의 벗도, 내일은 최대의 적이 될지 모른다. 생각하고 싶지 않지만 이 세상에서 이런 일은 실제로 일어난다. 그러한 일도 미리 머릿속에 넣어두고서, 친구를 신뢰하며 사귀면 좋다.

반대로 현재의 적에 대해서는 항상 화해의 가능성을 남겨두어야 한다. 현명한 사람은 적을 진심으로 미워하거나 하지 않는다. 어제의 적이 오늘의 좋은 친구가 된 예는 얼마든지 있다. 화해한 결과 최악의 적이 가장 신뢰할 수 있는 자신의 편이 되는 일도, 절대로 드문 일이 아니다.◈

마치 '자석'처럼
사람을 끌어당기는 사람이 되어야 한다

　　사람의 마음을 끌어당기는 데에는 그만큼의 매력을 갖추고 있어야 한다.

　　태어나면서 카리스마를 가지고 있는 사람은 애를 쓰지 않아도 다른 사람의 마음을 휘어잡을 수가 있다. 그러나 예의가 없거나, 절도를 지키지 않고 행동하면 사람들은 하나둘 떠나간다.

　　반대로 카리스마를 가지고 있지 않더라도 인의를 갖추고, 예의를 다하고, 지성을 갖춘 사람이라면 천연자석처럼 사람들을 끌어당긴다.◈

목표를 달성하기 위해서는
공손하고 정중해야 한다

나쁜 마음은 없지만 조악한 말과 행동이 다른 사람에게 상처를 주는 경우가 있다. 성격이 좋아도 옷차림이 좋지 않으면 사람들이 멀리하는 일도 있다.

다른 사람에게 이해를 받고 싶다면 '행실 좋게' 행동해야 한다. 고상하고 우아한 말과 행동은 사람들의 마음을 부드럽게 해서 신뢰를 얻는 무기가 된다.

다른 사람의 부탁을 거절할 수 없을 때라도 조리 있게 상대가 상처를 받지 않도록 말할 수도 있다.

항상 꾸밈없고 지나치게 정직한 말과 행동이 다른 사람들에게 받아들여진다고는 할 수 없다. 목표를 달성하기 위해서는 공손한 동작과 정중한 말 씀씀이를 잊지 않는 것이 최선의 방책이다.◈

호흡이 맞지 않는 사람과 잘 사귀는 비결

성격이 맞는 사람과 사귀는 것은 마음이 편하다.

그렇다고 해서 그런 사람들만 사귈 수는 없다.

호흡이 맞지 않는 사람, 성격이 자신과 너무 동떨어진 사람에게는 조금씩 자신을 어필하여 상대에게 익숙해지도록 해야 한다. 그렇게 하면 그 사람과 충돌할 일도 없고, 처음에는 불쾌하게 생각한 상대의 결점도 점차 그다지 나쁘게 느끼지 않게 된다. 그렇게 자제심을 가지고 사귀어가면 대부분의 불쾌함을 회피할 수 있다. 어느 순간 거북한 감정도 사라져갈 것이다.◈

자신은 자신이 지키지 않으면 안 된다

누구나 결점과 약점이 있다. 그러나 그것을 다른 사람에게 보여서는 안 된다. 기다렸다는 듯이 공격을 받아서 몸도 마음도 만신창이가 되어버릴 것이다. 다른 사람을 신용하는 것은 지나침 없이 적당한 편이 좋다.

사람의 마음에는 선도 있지만, 그 이상으로 악도 있다. 그리고 악의 마음은 사소한 계기로 손쉽게 송곳니를 드러낸다. 악인에게 있어서 다른 사람의 약점을 잡는 것만큼 기쁜 일은 없다. 또한 다른 사람의 불행을 보는 것만큼 재미있는 일이 없다.

그래서 사람들 앞에서 울어서는 안 된다. 약한 소리를 해서도 안 된다. 자신의 결점이나 약점은 세심하게 감추고, 주의 깊게 행동해야 한다. 자신은 자신이 지키지 않으면 안 된다.◈

반대를 위한 반대여서는 안 된다

 사람에게는 묘한 자존심이 있다. 다른 말로 '체면'이라고 한다.

 상대방의 말이 옳다는 것을 알고 있어도 그것을 순수하게 인정하지 않는다.

 '체면에 관계된다.'라는 이유로 끝까지 자신의 주장을 굽히지 않고 반발하고 있지는 않은가?

 그러나 승부는 처음부터 뻔하다. '정론'이라는 무기를 가지고 있는 사람의 승리이다. '완강함'이라는 무른 무기로는 도저히 맞설 수 없다.

 다른 사람과 토론할 때는 먼저 자신이 이치에 맞는다는 것을 주장해야 한다. 만일 거기서 자신의 잘못을 깨달았다면 바로 정정해야 한다. 자신의 잘못을 인정하는 것은 괴로운 일이다. 그러나 결과적으로는 떳떳한 사람으로 평가받아서 절대로 손해를 보는 일은 없다.

 다른 사람의 의견에 이견이 있으면 그 자리에서 반대하

는 것은 정당한 방법이다.

그러나 반대를 위한 반대여서는 안 된다.

머리가 좋고 자신의 관찰력을 절대적으로 신뢰하고, 비판 정신이 풍부한 사람은 타인의 의견에 따르지 않고, 작은 잘못도 놓치지 않는다. 흠집을 찾아내서는 고치도록 말하고, 때로는 아주 사소한 것까지 문제 삼아서 지적하기도 한다.

생선 뼈가 목에 걸리면 가장 곤란한 일은 그것이 제일 좋아하는 요리 속에 있었던 경우일 것이다. 그와 마찬가지로 유쾌한 대화 중에 시시한 반대나 항변은 그 자리의 분위기를 한순간에 흐트러버린다.

이래서는 아무리 머리가 좋다고 해도 현명하다고는 할 수 없다.

이런 어리석은 행동을 계속하면 어느 순간 모든 사람을 적으로 돌려버리게 된다.◈

세상에서 가장 멍청한 것은
명예를 위한 싸움이다

세상에서 '명예를 위한 싸움'만큼 멍청한 것은 없다.

'명예'라는 것은 실체가 없는 불명확한 것이다. 대치하는 쌍방이 서로 자신의 명예를 지키려고 하므로 결말이 날 리가 없다.

개인뿐 아니라 국민성이라는 명예를 걸고서 싸우는 경우도 적지 않다. 이런 변변치 않은 싸움에 휩싸인 사람이야말로 재난이다.

'명예'라는 이름을 걸고 하는 싸움은 끝없이 희생자들만 잉태한다. 시기를 보아서 벗어나는 것이 가장 현명한 선택이다.

더러운 진흙탕 싸움에 머물러 있으면 자신만 상처를 입을 뿐이다.◈

선의가 넘치는 말을 하고, 멋있는 행동을 해야 한다

행동은 '실질'이자 말은 '장식'이다.

행동은 '실체'이자 말은 '그림자'이다.

멋있는 말을 하면서 행동을 하지 않거나, 또는 조악한 행동밖에 하지 않는 사람은 신뢰할 수 없다.

멋있는 행동을 해도 그것을 주위에 전하는 것을 게을리 하면 인정받을 수 없다.

선의가 넘치는 말을 하고, 멋있는 행동을 해야 한다. 이렇게 해서 다른 사람의 신뢰를 얻고 나서야 훌륭한 인격이 완성되는 것이다.◈

명성은 사후에도 영원히 이어진다

자신이 아는 범위 내에서 최고로 위대한 인물을 모범으로 삼고, 그 인물에게서 항상 자극을 받아서 자신을 독려해야 한다.

그런 존경할 수 있는 스승을 만난 사람은 그것만으로도 행운이다.

'저 사람처럼 되고 싶다.'라고 바라면 의욕과 투쟁심이 솟아난다. 별로 공들이지 않고 인생의 목표를 손에 넣은 것과 같은 것으로, 목표를 잃어버리지 않는 한, 뜻은 쇠하지 않는다.

알렉산더 대왕이 아킬레스를 생각하고 눈물을 흘린 것은 그의 운명을 동정했기 때문이 아니라, 자신의 명성이 아직 아킬레스의 명성에 이르지 않았기 때문이었다.

'그와 같은 명예를 얻고 싶다.'라고 생각하면 계속해서 노력하고, 불안이나 불만, 나약한 질투심 등이 끼어들 여지가 없어질 것이다.

명성은 노력 없이 주어지는 것이 아니다. 평소에 근면
과 노력을 게을리하지 않고 올바르게 덕을 쌓아야만 비
로소 얻을 수 있는 것이다. 그래서 명성을 얻은 인물은 사
람들의 칭찬과 존경을 받는 것이다.

행운은 노력이 없어도 찾아오는 한때의 것이다. 재산
도 지위도 영원하지 않다. 그러나 명성은 사후에도 영원
히 이어진다. 명성이야말로 진정한 지위이다.◈

자신에게 어울리는 직업을 찾아야 한다

　사람들의 칭찬이나 존경을 받고 싶다면 먼저 그에 걸맞은 무대(직업)를 찾아야 한다.

　어떤 자질이 있어도 그것을 발휘할 수 없어서는 의미가 없다. 작은 무대에서는 능력을 발휘할 수 없을 것이고, 초라한 무대에서는 갈채를 보내주는 관객이 충분히 모일지도 알 수 없다.

　다른 사람들 눈에도 화려하고 격조 높은 무대에서 능력과 재능을 발휘하면 좋다. 단, 소질도 없이 큰 무대에 올라서면 창피를 당할 것이 뻔하다. 관객으로부터 야유도 받을 것이다. 자신의 키 높이에 맞는 무대에 오르는 것, 그것이 성공한 사람이 되기 위한 비결이다.◈

할 수 있고 하고 싶은 일을 해야 한다

일을 하는 것은 먹고살기 위해서인지, 좋아하는 일에 헌신하고 싶은 것인지, 꿈을 붙잡기 위한 수단인지, 세상으로부터 손가락질을 받고 싶지 않기 때문인지 알아야 한다.

이유는 사람들마다 다르지만, 일하는 데 필요한 조건도 일에 따라 각각 다르다. '하고 싶은 일'이 있다고 반드시 그 일에 종사할 수 있는 것은 아니다. 두뇌를 필요로 하는 일, 체력이 있어야 하는 일, 기지를 요구하는 일, 독창성 없이는 이룰 수 없는 일…….

직업을 선택하는 것은 자유이다. 그러나 선택한 일에 종사하기 위해서는 그전에 자신의 자질이나 특기가 요구된다는 것을 잊지 말아야 한다.

'할 수 있는 일' 중에서 '하고 싶은 일'을 선택한다. 그것이 '일에 종사한다.'라고 하는 것이다. ◈

A way to capture a person's heart

과거의 일이라고 해도
저속한 일은 지울 수 없다

저속한 일에 손을 물들여서는 안 된다. 한 번 물들면 그 것을 씻어내는 것은 대단히 곤란하다. '두 번 다시 되돌릴 수 없다.'라는 강한 자각을 갖는 것도 간단한 일이 아니지만, 그것보다 성가신 것이 세상의 목소리이다.

설사 과거의 일이라고 해도 '손이 물들었다.'라고 하는 사실은 지울 수 없다.

또 그 저속한 세계에서 쌓아 올린 부의 경험은 절대로 플러스로 작용하지 않는다. 조소 또는 경멸, 더욱이 인격 그 자체가 의심을 받는 일도 있다.

큰 얼룩을 지우는 데에는 아주 많은 시간을 소비하지 않으면 안 된다. 또 짙은 얼룩을 지우는 데에는 강력한 세 정제가 필요하지만, 지워지지 않는 얼룩도 많다.

한번 나쁜 평가가 나면 나쁜 소문은 눈 깜짝할 사이에 퍼진다. 명예를 회복하기 위해서는 많은 시간과 많은 선 행을 쌓지 않으면 안 된다.◈

어떤 경우에도
경계심을 늦춰서는 안 된다

세상을 살아가는 도중에는 여러 가지 장해물이 기다리고 있다. 얼핏 보고 위험하다고 인식할 수 있는 것이라면 피해서 통과하면 된다.

그러나 개중에는 교묘하게 위장된 예도 있다.

구미가 당기는 말로 접근하는 사기꾼, 거짓 눈물로 상대의 마음을 조롱하는 여성, 우정을 핑계로 무리한 것을 요구하는 동료…….

믿고 마음을 열면 뼈아픈 앙갚음을 당하는 일도 있다.

세상에는 불신감으로 가득 찬 사람이 있다. 이런 사람은 타인을 믿지 않는 대신에, 자신도 어느 사람에게도 신뢰를 받지 못하게 된다. 이것은 이중의 불행이라 할 수 있다.

어떤 경우에도 경계심을 늦춰서는 안 된다. 그러나 경계하고 있다는 것을 상대가 알아차리게 해서도 안 된다. 왜냐하면 섣불리 불신감을 보이면 상대를 화나게 할 수 있기 때문이다.◈

위기의 주변에는 기회가 숨겨져 있다

사람은 위기가 닥치면 긴장을 한다. 뭔가 큰 피해를 볼지도 모른다고 두려워하고, 긴급히 피난 준비를 하려고 한다.

그러나 이 위기를 피하기만 해서는 앞으로 나아갈 수 없다. 전진은커녕 후퇴만 할 뿐이다. 이때 신중히 잘 살펴보면 '위기'의 주변에는 종종 기회가 숨겨져 있다.

위기 그 자체가 기회인 경우도 있다.

뛰어난 리더는 위기에 직면하면 '지금이야말로 이름을 떨칠 기회다!'라고 모두 분발하기를 촉구한다. 그리고 이제부터 시작되는 것은 위험을 각오한 '임전무퇴를 각오한 힘'을 발휘할 때라고 하여 평소 몇 배의 힘을 발휘하는 사람도 있다.

위기에 직면해도 절대로 물러서지 않고 전진을 명령한다. 그리고 '모든 책임은 자신에게 있다.'라고 말한다. 이것이 훌륭한 리더의 조건이다. ◈

의욕이 생기는 보수를 건네야 한다

노동에는 응당한 보수가 지급되어야 한다. 보수를 얻으면 기쁘지만 일을 하는 쪽에서는 '받아서 당연하다.'라고 생각한다.

노동자의 모티베이션(어떤 예술 행위를 자극하거나 동기를 부여하는 상황)을 높이기 위해서는 전달 방법에도 배려가 필요하다.

보수란 금품만을 말하는 것이 아니다.

일을 끝낸 후의 금품은 '당연한 보수'이지만, 일하는 도중의 격려는 '기대의 증거'가 된다. 그 한마디에 고마움을 느끼는 사람도 있다.

부하의 사기가 떨어졌다고 느낄 때는 평소보다 빨리 여러 가지 형태의 보수를 건네 보라. 그것만으로도 큰 성과를 올리기도 할 것이다.◈

A way to capture a person's heart

아무리 친한 친구라도
다소의 비밀은 밝히지 말아야 한다

아이에게도 부모에게 말하지 못하는 비밀이 있다. 아무리 친한 친구라도 다소의 비밀은 가슴속에 담아두고 말하지 않는 것이 좋다.

다른 사람에게 모든 것을 밝히는 사람은 상대도 똑같이 해주지 않으면 뭔가 모르게 손해를 보는 듯한 기분이 들어서 편치 못하다. 결국에는 인간관계에 금이 가는 일도 있다.

비밀을 말할 때는 비밀의 '성질'에 따라 털어놓는 상대를 구분한다.

한 사람에게 어떤 비밀은 전부 밝히는 것과 동시에, 다른 비밀은 전부 감춘다.

이것은 결국 자신의 비밀을 전부 밝히는 것과 동시에 전부 숨기고 있는 것도 된다.

이런 '비밀의 적절한 구분'도 다른 사람과 원활히 사귀는 데에서는 때로는 좋은 효과를 올리는 방법이다.

타인의 비밀을 알게 되어서 파국을 초래하는 경우가
있다.

만일 상사가 그만 실수로 자신의 비밀을 부하 직원에게
털어놓았다고 하자. 비밀은 '약점'이기도 하다.

누군가 자신의 약점을 알고 있는 것은 기분이 좋은 일
이 아니다. 누구라도 일단 비밀을 다른 사람에게 밝혀버
리면 이미 상대의 노예가 된 것과 마찬가지이다. 그래서
그런 상대가 눈엣가시 같은 존재가 된다.

반대로 말하면 타인의 비밀을 알게 된다는 것은 폭탄
을 끌어안고 있는 것과 같다. 가능하면 그런 재난에는 가
까이 다가가지 않도록 해야 한다.

거짓말을 하는 것은 당연히 좋지 않은 것이다.

그렇다고 해서 사실이라면 무엇이든 거침없이 말해도
좋은가 하면 그렇지도 않다.

이 '진실'이라는 것만큼 다루기에 주의를 요구하는 것은 없다.

진실을 말해도 좋은 경우와 좋지 않은 경우가 있다는 것을 구분할 필요가 있다. 진실을 말해서 자신이 불리해질 뿐 아니라 다른 사람을 위험에 빠뜨리기도 한다. 진실을 말하지 않고 잠자코 있는 것은 거짓말을 하는 것이 아니다.

진실을 말하는 것은 자신의 배를 갈라서 다른 사람에게 보이는 것과 같다. 보이고 싶지 않은 부분도 있고 보고 싶지 않은 사람도 있을 것이다. 설사 진실일지라도 몇 가지는 비밀로 남겨두는 것이 좋은 일도 있다. ◈

너무 큰 은혜는 부담이 될 수도 있다

다른 사람에게 은혜를 베풀면 고마워하고 주위의 평판도 올라간다.

그러나 너무 큰 은혜는 은혜를 '파는' 것이 된다.

은혜를 입은 사람에게 큰 부담이 되는 경우가 있다.

누구라도 은혜를 입으면 갚고 싶어 한다.

그러나 너무나 큰 은혜를 입으면 갚기도 어렵다. 은혜를 갚을 수 없다는 부채감은 무거운 짐이 되어서 이윽고 그 무게를 이기지 못하고 험담을 하게 되는 경우조차 있다.

은혜를 베푼다면 한 번에 조금씩 몇 번에 걸쳐 나누는 편이 좋다. 상대의 입장을 헤아린 후에 행동에 옮기는 것이 좋다.◈

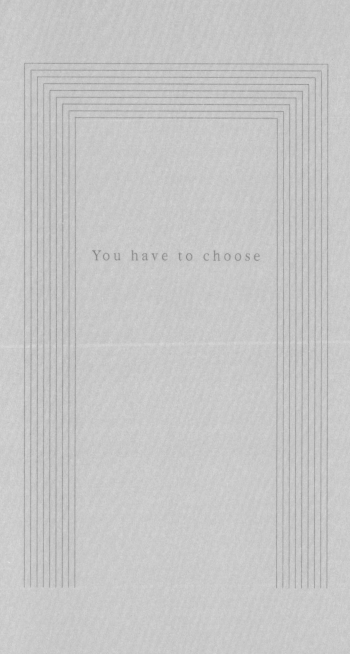

You have to choose

CHAPTER 4

선택하지 않으면
안 된다

싸움도 상대를 선택해야 한다

현재의 자신을 사랑해야 한다

옆집 정원에 핀 장미를 보고 '우리 집 장미보다 아름답다.'라고 한숨을 쉴 때가 있다.

다른 사람이 먹고 있는 음식이 자신이 먹고 있는 음식보다 맛있게 보일 때가 있다.

다른 나라의 아름다운 경관이나 좋은 점을 보고 들을 때마다 자신의 나라가 초라하게 보일 때도 있다.

인간에게는 다른 사람을 부러워하고 자신을 불쌍하게 여기는 경향이 있는 듯하다. 그러나 이런 경향이 있는 한, 마음은 늘 파란이 일고 초조해지기 마련이다.

그런 자신의 나쁜 습관을 깨닫고 개선하고, 지금의 자신에게 감사할 때 사람은 크게 성장할 수 있다. ◈

You have to choose

지킬 것이 없는 사람과의 싸움은 피해야 한다

스포츠 세계에서는 기술이나 체력의 레벨이 중요시되지만, 승부는 이 두 가지로 결정되는 것은 아니다. 기합의 정도에 따라서도 승부가 크게 좌우된다.

기합의 기본은 '자신보다 약한 상대에게는 기합을 충분히 넣고 임하고, 강한 상대에게는 기합을 (적당히) 빼서 임한다.'라는 것이다.

이렇게 기합을 나눠서 사용함으로써 약자에 대한 방심과 교만을 없애고, 강자에 대한 공포심을 완화하는 것이다.

난국에 처해서는 손쉬운 일을 처리하는 것과 같이, 그리고 손쉬운 일을 처리할 때에는 난국에 처했을 때와 같이 한다. 이것이 싸움을 앞에 두었을 때의 '마음가짐의 비결'이다.

그리고 싸움을 할 때는 상대를 고르지 않으면 안 된다. '지킬 것이 없는 사람'을 상대로 한 싸움만은 피해야 한다.

지위도 신용도 재산도 없고 양심이나 수치심조차 갖지 않은 사람은 무서운 것이 없다. 수단을 가리지 않고 돌진해 온다. 이쪽의 명예를 훼손하는 것도 마다하지 않는다.

궁지에 몰리고 자포자기한 사람만큼 무서운 것은 없다.

운 좋게 승리했다고 해도 그러한 사람과 싸움을 한 것 자체는 자신의 품위를 훼손하기 쉽다.

교섭할 때 상대는 '적'이다.

교섭을 성사시키기 위해서는 눈앞의 적에게 어떻게 승리하는가에 달려 있다.

물론 적도 이런저런 방법으로 승리를 노린다.

적이 '이렇게 하는 편이 당신에게 득이 된다.'라고 제안했을 때는 반드시 진짜 목적을 감추고 있다고 생각하는 편이 좋다. 틈새를 보이면 기회를 잡은 것처럼 일순 태도를 바꿔서 일거에 목적을 달성하려고 할 것이다.

적의 책략에 빠진 순간 패배한다. 이런 일을 당하지 않기 위해서는 적의 허와 실을 간파하고 이쪽에서 선수를 쳐야 한다.

우선은 상대가 숨기고 있는 진짜 목적을 간파하고, 또 '당신의 수법은 이미 알고 있다.'라는 듯이 선제 펀치를 날리는 것도 효과적이다.◈

남이 좋아하는 사람이 되어야 한다

사람을 평가할 때는 '좋고 싫음'을 기준으로 하는 경우가 많다. 따라서 옳은 일을 해도 반드시 좋게 평가받는다고는 할 수 없다. 싫어하는 사람에게는 '인정하고 싶지 않은' 의식이 작용하기 때문이다.

남에게 평가를 받고 싶다면 먼저 '남이 좋아하는 사람'이 되어야만 한다. 그를 위해서는 평소에 다른 사람에게 호의를 표하고, 배려해주는 것이 바람직하다. 어려운 일이 아니다. 작은 호의, 또는 친절한 한마디만 하면 된다. 그런 아주 작은 배려로 지금까지보다 훨씬 높은 평가를 얻을 수가 있다.

세상의 평판이라는 것은 무시할 수 없다. 근거 없는 단순한 소문이 사회적인 신용을 좌우하는 일조차 있다. 항상 평소에 다른 사람의 호감을 얻기 위한 노력을 아껴서는 안 된다.◈

삶의 대부분은 선택으로 좌우된다

인생은 선택하면서 살아간다. 삶의 대부분이 선택으로 좌우된다.

올바른 선택을 할 수 있으려면 올바른 판단과 훌륭한 감식력을 동반해야 한다. 올바른 선택을 할 수 있는 최고의 선택, 완전한 선택을 할 수 있는 능력은 어디에서 오는 것일까?

아무리 학식이 높으며 조심성이 있는 사람이라 할지라도 선택을 잘못해 평생을 후회하는 경우가 있다. 상상외로 그러한 사람들의 실수는 묘한 인생의 함정을 생각하게 한다. 세상을 살다 보면 어떤 것이 함정인 줄 알 수가 없게 된다.

잘 나가던 사람들도 한순간에 무너져 밑바닥 인생으로 전락하고 만다. 그가 함정에 빠졌는지는 모른다. 하지만 그의 인생은 이미 빗나가 버린 것이다. 단 한 번의 선택으로 말이다.

선택하면서 살아가는 인생에는 그 어떤 학식도, 달관

도 필요 없게 된다. 선택에 의한 직관력의 우선시가 최고의 덕목으로 떠오르는 것이다.

필요한 그 어떤 것에게 최고의 선택을 던져야 한다.

어느 대학을 나와 어떤 경력을 쌓았다는 것은 중요한 일이 아니다. 또 어느 사람을 찾아가 진지하게 상담하라는 것도 아니다.

단지 선택해야 할 그 일에 대해 너무 무지한 상태로는 안 된다는 것이다.

전혀 몰라서도 안 되지만 남들로부터 너무 많은 것들을 알게 되어도 문제가 된다.◈

듣는 사람의 입장에서 얘기해야 한다

사람을 설득할 때는 알기 쉽게 말하는 것이 최선이다.

아무리 좋은 내용이라도 전달되지 않으면 의미가 없다. 단, 듣는 사람의 이해력에는 정도의 차가 있다. 용량보다 병목이 작은 사람도 있다. 이쪽의 이야기를 이 병에 따르기 위해서 '깔때기'가 있다.

현명한 사람은 듣는 사람의 입장에 서서 이야기를 구성할 수 있다. 어리석은 사람은 자신을 현명하게 보이려다가 실패한다.

어려운 말이나 장황하고 지루한 표현은 사람을 곤혹스럽게 한다.

자신을 크게 보이려고 허영을 부리면 얕은 바닥이 드러나기 마련이다.

지식이 없는 상대에게는 어려운 지식을 이야기해도 소용이 없다.

상대가 이해하기는커녕 그 지식은 그들에게 아무런 도

움이 되지 않는다.

그런데도 '왜 이해하지 못하는가?'라고 그들을 비난하는 것은 너무나 어리석은 일이다.

지식을 쌓는 것은 대단히 중요한 일이다.

그러나 아무리 지식이 풍부해도 그것을 과시해서는 안 된다. 때와 장소에 따라서 무지를 가장해야 하는 일도 있다.

무지를 가장하는 것은 절대로 어리석은 것이 아니다. 자신의 어리석음을 깨닫지 못하는 것이 어리석을 따름이다.

한편으로는 인생의 심리전에서 한발 앞서는 비결도 있다.

대중의 평가를 받고 싶다면 일부러 대중이 이해하기 쉽지 않은 '어려운 이야기를 하는' 방법이다.

사람은 자신이 이해하지 못하는 것은 자연스럽게 흘려듣고, 자신이 이해하지 못하는 것에 대해서는 부끄러워하거나 감탄하거나 한다. 또한 많은 사람이 '훌륭하다.'라고 평가하는 것이 있다면 주목을 할 수밖에 없다. 그리고 '나도 뒤처져서는 안 된다.'라고 초조해하며 무리가 돼서 칭찬하게 된다.

이 방법은 진정한 지식인에게는 효과가 없다. 그러나 이른바 '일반대중'은, 물론 지나쳐서는 금물이지만, '이해할 수 없는 어려운 이야기'를 일종의 부가가치로 받아들이는 것이다. 그들의 마음을 단숨에 끌어당기기 위해서 이 방법을 사용해볼 가치는 있다.◈

자신의 언어나 얼굴이 없는 사람을
믿어서는 안 된다

자신의 말과 행동에 대해서 단 한 번도 의견을 말하거나 반론한 적이 없는 사람은 신용해서는 안 된다. 그런 사람은 자신의 신변 안전만 생각하고, 자신만을 사랑하는 사람이다.

다른 사람에게 반론을 하기 위해서는 에너지가 필요하다. 상대를 화나게 하거나, 미움을 받을지도 모른다. 그런 위험을 감수하면서까지 비판을 해주는 사람은 오히려 고마운 존재이다.

뛰어난 것을 보면 반드시 불평하는 사람이 있다. 그런 사람에게 비난받는 것이야말로 명예로운 일인 것이다.◈

작은 잘못에 집착해서는 안 된다

    자신이 범한 잘못을 언제까지나 후회해도 본래대로 되돌릴 수는 없다. 반성은 한 번으로 충분하다. 그것보다는 앞을 내다보고 준비를 하는 편이 훨씬 유익하다.

    마찬가지로 타인의 잘못을 언제까지나 책망해서는 안 된다. 작은 잘못 등은 보완해 주고, 때에 따라서는 보고도 못 본 척해도 괜찮다. 그릇이 큰 사람이 되고 싶다면 그 정도의 도량을 보여줄 여유가 필요하다.◈

상대의 자부심을 자극해야 한다

상품을 팔 때는 그 품질의 좋은 점을 강조하는 것만으로는 상대의 마음을 움직이기 어렵다. 같은 품질, 같은 가격이라면 '또 하나의 고안'이 승부의 결정적 수단이 된다. 대대적으로 선전을 하고 사람들의 눈을 끌기 위한 기발한 이름으로 호기심을 자극하거나, 판매 기간이나 수량을 한정해서 희소가치를 강조하는 방법도 있다. 이때 부자연스러움이나 강요하는 듯한 자세는 금물이다. 될 수 있으면 넌지시 자연스럽게 알려야 한다.

또 '이 상품의 장점은 안목이 있는 특별한 사람밖에 이해하지 못한다.'라고 하는 메시지를 담으면 좋다. 누구나 '나는 특별한 사람이다.'라고 자부하거나, 또는 '특별한 인간이 되고 싶다.'라고 바라고 있기 때문이다. 그 점을 자극하면 좋다.◈

You have to choose

의도를 함부로 드러내서는 안 된다

솔직함이 매력인 것은 사실이다. 하지만 상대에 따라서는 독이 될 수도 있다. 보통 사람의 솔직함은 삶이 되겠지만 악인의 솔직함은 사슬이 되기에 세상에서 자신의 의도를 모두 드러내는 사람은 없다.

보통 사람들이 드러내는 솔직함 역시 자신의 속에서 몇 번이나 의도되기를 반복한 내용이다. 스스로 인정한 내용이 담백하게 표출될 뿐이다.

세상에 보이는 카드를 가지고 게임을 하는 사람은 없다. 그것은 자살 행위나 마찬가지다.

삶에서 위장이란 삶의 전술과 같으며 살아가는 방편이 될 수밖에 없다.

남아도는 것들을 서로 나눠 갖는 우정의 세계가 아니다. 한정된 자원 속에서 행복해지기 위해서는 자신을 방어해야 한다.

누가 적인지도 알 수 없는 세상이다. 믿을 수 있는 사람들이 극도로 제한된 세상이다. 조심성만이 세상을 지켜

주는 수호신이다. 그 조심성이야말로 자신을 노리고 있는 감시자들과 맞설 수 있다.

때로는 우리들의 취미조차도 함부로 발설해서는 안 된다. 그런 조심성만이 사랑하는 모든 것들을 지킬 수 있는 길이다. 그래야만 그 어떤 반박도 아첨도 당신을 넘볼 수 없게 된다.

모든 허점이 적들에게는 기회이며 그것들은 때로 상상하지 못할 피비린내로 다가오게 된다. 한순간의 방심으로 삶 자체가 없는 것이 전쟁터이다.

세상은 물론 그런 살벌한 전쟁터가 아니다. 하지만 그것 못지않은 삭막함 속에서 살아가게 되는 것이 세상이다. 사랑만을 주장하며 살아갈 수 있는 세상이 아니다. 방어책이 필요한 세상이다. ◈

'자기만족'이란 자신의 말과 행동에 감탄하는 것뿐이다

'자신'과 '자기만족'과는 전혀 다르다.

'자신'이란 말 그대로 자신을 믿는 것이다. 이유가 있는 자신은 사람을 감동하게 하고 존경을 받는다.

그에 비해 '자기만족'이란 자신이 자신의 말과 행동에 감탄하는 것일 뿐이다. 다른 사람은 감탄도 하지 않고 존경도 하지 않는다. 게다가 세상으로부터 놀림을 당하는 것도 깨닫지 못하는 경우가 많다.

주위로부터 박수와 갈채를 받기 위해 '나는 이 정도로 대단한 사람이다.', '이런 큰일을 해냈다.'라고 우쭐해서 자랑하는 모습은 보고 있는 것만으로도 안쓰럽다. '자기만족'이란 독백이다. 누구의 눈에도 띄지 않는 곳에서 자아도취에 빠진 것은 괜찮다. 사람들 앞에서 절대로 보여 줘서는 안 된다. ◈

You have to choose

욕망은 결핍에서 태어난다

배가 고프면 음식을 원하게 된다. 지갑이 가벼워지면 돈을 갖고 싶어진다. 즉 '결핍'에서 욕망이 태어나는 것이다.

모든 것이 충족된 사람의 마음은 평정을 유지한다. 여간한 일이 아니면 동요하지 않고, 감언이설에도 속지 않는다.

무언가가 부족할 때, 원하는 것을 손에 넣을 수 없을 때, 사람의 마음에 틈이 생긴다. 맛있는 먹이를 눈앞에 내놓으면 의심하지도 않고 달려들기 마련이다. 그래서 충족하지 못하는 사람은 이용당하기 쉽다.

정치가를 보면 잘 알 수 있다. 충족되지 않은 서민의 욕망을 자극해서, 기대감을 부추긴다. 그러나 절대로 만족시켜주는 일은 하지 않고 항상 불만을 품게 하고 기대감을 이어가도록 한다.

이것이 교묘히 사람의 마음을 장악하는 방법이다.◈

의미 없는 박수갈채를 경계해야 한다

보통 박수나 갈채는 칭찬을 표현한다.

그러나 무책임한 관객은 시시한 연설에도 손뼉을 치는 경우가 있다.

그래서 불특정 다수의 사람으로부터 박수갈채를 받았다고 해서 절대로 득의양양해서는 안 된다. 오히려 의미 없는 박수갈채에 의기양양해져서 만족해하는 자신을 부끄러워해야 한다.

관객 중에는 그 본질을 차가운 눈으로 바라보고 쓸쓸하게 느끼는 사람이 반드시 있기 마련이다. 그 냉정한 사람의 비판이야말로 기꺼이 받아들여야 한다.

무슨 일이건 지나치게 사람들에게 떠벌리면 가치가 떨어져 버린다. 예를 들어 사자라고 생각한 사람도 직접 만나보니 단지 쥐에 불과했다는 이야기도 드물지 않다.

정말로 가치가 있어도 언제나 누구나 볼 수 있다면 가치는 퇴색한다.

높은 평가를 유지하기 위해서는 베일에 싸인 부분도 남겨두어야만 한다.

자신이 행한 것을 다른 누군가가 혹평했다고 해도 바로 의기소침할 필요는 없다. 또 다른 누군가가 인정해 줄지도 모르기 때문이다.

반대로 누군가가 갈채를 보낸다고 해도 바로 의기양양해져서는 안 된다. 보이지 않는 곳에서는 나쁘게 말하는 사람도 있을 것이다.

같은 것이라도 보는 사람에 따라 견해가 다르다. 게다가 사람의 마음은 바뀌기 쉽다. 그날의 기분에 따라 의견이 바뀌기도 하고, 감정적으로 발언하는 예도 있다.

타인의 평가에 대해서 민감하게 반응하는 것은 바보스러운 것이다. 믿어야 하는 것은 자기 자신이다.

중요한 것은 주위의 소음에 휘둘리지 않고 자신이 믿는 길을 당당하게 걸어가는 것이다. ◈

'사랑받는 것'보다는
'존경받는' 것이 바람직하다

　옛날 한 미녀는 못생긴 여자들만 골라서 허름한 옷을 입혀 자신의 주위에 시녀로 두고, 그것으로 자신이 한층 돋보이도록 했다고 한다.

　밤하늘에 달이 도드라져 보이는 것은 주위에 작은 별들밖에 없기 때문이다. 자신보다 뛰어난 사람과 손을 잡으면 자신의 빛은 그의 빛에 가려져서, 뛰어난 사람이 주역, 자신은 조역이 된다. 그러므로 자신의 빛을 한층 도드라져 보이게 해주는 사람들을 동료로 삼아서, 작은 별 중의 달이 되어 밝게 빛을 발하는 노력을 할 필요가 있다.

　단, 너무 레벨이 낮은 사람 중에 있으면 그로 인해 자신의 가치도 떨어질 위험이 있다. 이 점은 잘 생각해야 한다.

　'사람들에게 존경을 받는 것'과 '사람들에게 사랑받고 흠모를 받는 것'과는 다르다. 사랑은 때로 주위를 보이지 않게 하고, 어떤 계기를 경계와 증오로 변모하기도 한다.

사랑과 존경은 일치하는 것이 아니다.

사람들이 너무 두려워하는 것도 좋지 않고, 지나치게 사랑받는 것도 좋지 않다. 사랑은 친밀함을 수반하는 것으로 친애의 도가 넘으면 존경의 마음도 사라진다.

어느 한쪽을 선택한다면 '사랑받는 것'보다는 '존경받는' 편이 세상을 살아가는 데 바람직하다. 특히 다른 사람의 위에 서야 하는 태도의 사람이라면 이 교훈이 소중하다.◈

이론만으로 세상을 살아갈 수 없다

'책상물림'이라는 말이 있다. 고상한 학문적 지식과 이론은 풍부하게 지니고 있지만, 세상의 상식에 관해서는 너무나 어두운 사람을 말한다.

세상에는 단순히 지식만으로 해결할 수 없는 문제가 수없이 많다. 박식한 얼굴로 좋은 말을 늘어놓아도 사람들은 절대로 인정해 주지 않는다.

또 '속세간'이라는 말처럼 세상에는 '속물'이 넘쳐난다. 방심하면 뒤통수를 맞는다. 세상 물정에 어두워서는 살아갈 수 없다. 세상의 험한 파도를 헤쳐나가기 위한 최소한의 처세술을 익혀두어야 한다.

처세술은 학술서에서는 배울 수 없다. 경험이 중요하다.

아무리 훌륭한 지식도 실제로 도움이 되지 않으면 무용지물이 되어버린다.◈

농담은 함부로 하지 말아야 한다

농담은 도가 지나치면 사람에게 상처를 주고 원망을 사기도 한다. 오해가 오해를 낳고 심각한 싸움으로 발전하기도 한다.

반대로 효과가 없는 서툰 농담은 분위기를 시들게 하고 좋았던 분위기를 흐트려버리기도 한다.

타인의 건전한 웃음을 유도하고, 커뮤니케이션의 윤활유로 활용하기 위한 농담은 고도의 테크닉이 필요하다.

그 자리의 분위기를 정확하게 읽고 그 자리에 있는 사람들의 성격이나 기분을 헤아리는 능력이 요구된다. 아무 생각 없이 마구잡이로 사용해서는 안 된다.

우선은 커뮤니케이션 능력을 연마하고, 농담의 사용 방법을 연구하는 것은 그다음이다.◈

다른 사람의 호의를 얻기 위해 노력해야 한다

'무엇이든 호흡이 잘 맞는다.'라는 것은 귀중한 감각이다. 그런 호의에서 호평이 샘솟는다.

자신의 힘만 믿고, 타인의 호의에 의지하는 것을 무시하는 사람이 있는데, 자신의 힘만으로 무언가를 이루려고 하면, 아주 먼 길을 돌아서 갈 것을 각오해야 한다.

'호흡이 맞는다.'라는 것은 상대와 마음이 일치하는 것으로 '외면적인 일치', 즉 민족·국적·친척·직업 등이 공통되는 경우와, '내면적인 일치', 즉 재능·책임·명예·공적 등이 공통되는 경우의 두 가지가 있다.

내면적인 일치는 흔들리지 않고 공고하다. 다른 사람의 호의를 얻는 것은 간단하지 않다. 그러나 일단 호의를 얻으면 유지하기는 비교적 쉽다. 그래서 다른 사람의 호의를 얻기 위해 노력을 하고, 소중히 하도록 유념해야 한다.

어떤 사람과도 원만하게 호흡을 맞출 수 있는 것은 하나의 능력이다. 교사에게는 가르침을 구하는 사람답게, 연배의 사람에게는 경의를 담아서 행동하는 것이다.

사람의 마음을 사로잡기 위해서는 먼저 상대와의 조화를 꾀하는 것이 중요하며, 이것이 잘되면 사람은 호의를 갖게 된다.

모든 사람의 기풍이나 성질을 잘 알고 각각에 알맞게 호흡을 맞춰서, 근엄한 사람과도, 소탈한 사람과도, 함께 걸어가는 것이 좋다.

단, 호흡을 맞추는 방법의 구분은 뛰어난 수완을 요구하는 것으로, 잘 실행하는 것은 간단한 일이 아니다. 그러나 폭넓은 지식과 지혜를 지닌 사람에게는 절대로 불가능한 일이 아닐 것이다.◈

윗사람을 압도해서는 안 된다

사람을 압도하면 반드시 사람들로부터 미움을 사게 되는데, 특히 윗사람을 이기는 것은 위험한 일이기도 하다. 만일 당신이 지능 면에서 윗사람을 능가해 보이는 일이야말로 상대에게는 너무나 불쾌한 일이다.

그들은 단순한 조언을 받아들여도 아랫사람이 자신을 능가해서 돋보이는 것을 바라지 않는다.

조언에 있어도 자신이 어쩌다 잊고 있던 것을 생각나게 해주는 것과 같은 방식의 충고라면 흔쾌히 받아들여도, 모르니까 가르쳐준다는 태도의 직언은 좋아하지 않는다.

윗사람 앞에서는 어디까지나 겸손해야 한다.

아무리 지식이 있다고 해도, 어떤 재능을 가지고 있다고 해도, 그것들을 잘 지켜야 한다.◈

호의 어린 충고에 귀를 기울여야 한다

　모든 사람을 너무나 가볍게 신용하는 것은 어리석은 일이다.

　그러나 모든 사람을 의심하고 멀리하는 것 또한 어리석은 일이라는 것을 알아야 한다.

　타인의 말에 일절 귀를 기울이지 않는 것은 제일 어리석은 사람이다. 아무리 현명한 사람이라도 호의 어린 충고에 귀를 기울여야 하며 설사 권위 있는 제왕이라고 해도 직언은 흔쾌히 받아들여야 한다.

　또 친구에게도 솔직히 충고하고 비판할 수 있는 여지를 먼저 주어야 한다. 그것은 그 친구를 존중하고 있다는 증거가 된다.

　자신의 마음의 깊은 곳에는 진정한 친구를 거울로 심어두고, 그 거울에 자신을 비추고, 잘못을 멀리하고, 바른 길을 걷도록 유념하는 것이 중요한 것이다.◈

You have to choose

'선의'의 마음이 흔들리지 않도록
항상 조심해야 한다

웃는 얼굴로 다가오는 사람 중에는 흑심을 품은 사람도 많다. 속마음을 알아내기 위해 슬쩍 떠보거나, 비밀을 탐지하기 위해 유도신문을 하기도 한다.

또 아무런 예고도 없이 갑자기 정면에서 악의를 내뿜는 사람도 있다.

가슴을 도려내는 폭언을 내뱉거나, 빈정거리면서 상대방의 당황한 표정을 비웃는다. 좋지 않은 소문을 흘려서 그 사람의 사회적 신용을 훼손하려고 획책하는 사람도 있다.

사람의 악의에 면역이 없는 사람은 이런 행위로 인해 마음에 커다란 타격을 받기 쉽다. 그래서 그런 비정한 중상모략에 능숙하게 대처하는 것이 필요하다.

가까이 있는 사람 모두가 자신의 편일 수는 없다. 기억하지는 못해도 적의를 품고 있기도 하다. 자신을 지키기 위한 최소한의 예방선은 만들어두어야 한다.

보통 사람이라면 '사람으로서 해서는 안 되는 일'을 알고 있다.

그러나 사람에게는 마가 끼거나 방심하거나, 분노로 자신을 잊어버리거나, 흥분하는 경우가 있다. 그럴 때 마음의 허점에 '악의'가 생기기 마련이다.

타인의 험담을 듣고 자신도 모르게 동조할 때, 혹은 너무 화가 난 나머지 타인을 지나치게 비방할 때는 화밖에 초래하지 않는다.

화를 피하기 위해서는 '선의'의 마음이 흔들리지 않도록 항상 조심해야 한다.◈

지나친 의리로 손해를 보아서는 안 된다

아무리 가까운 사이라고 해도 지나친 의리 때문에 눈을 뜨고 손해를 보는 일을 허락해서는 안 된다. 당신은 그로 인해 두고두고 재난을 초래하게 되고, 일생을 두고 후회하는 근원이 되기도 한다.

결국 타인은 타인일 뿐이다. 자신의 안전이나 행복을 희생해서까지 타인의 말을 들을 필요는 없다. 타인에게는 일시적으로 불쾌할 뿐이지만, 자신에게는 영원한 고통이 될 때는 '일시'를 버리고 '영원'을 구해야 한다. ◈

세상일은 모두 말의 지배를 받는다

부드럽고 따뜻한 말은 사람을 행복하게 한다. 사람을 구원하고 용기를 줄 수도 있다. 그러나 말도 잘못 사용하면 사람을 불행하게 한다.

총알이 육체를 관통하는 것처럼 폭언이나 험담은 사람의 마음을 관통한다. 언어폭력이므로 웬만해서는 회복되지 않는다.

세상일은 모두 말의 지배를 받는다. 인간은 말을 주고받음으로 사는 것이다.

다른 사람에게 사랑을 받기 위해서는 항상 '비단 같은 말'을 준비해서 부드럽고 따뜻한 말투를 사용해야 한다.

절대로 가시 돋은 말을 하거나 비아냥거려서는 안 된다. 누구에게나 항상 봄바람처럼 부드럽게 말하는 것이 좋다.◈

무방비로 속마음을 드러내서는 안 된다

지나치게 겸손하게 보이려고 자신을 비하하거나 작게 보일 필요는 없다.

자신을 크게 보이려고 허세를 부리는 것도 어리석은 일이다. 도를 넘은 자랑도 듣는 사람에게 나쁜 이미지를 줄 뿐이다. 그들 표정에 떠오르는 경멸의 태도를 알아차 려야 한다.

또 눈앞에 있는 사람들에 대해서 많은 것을 말하는 것 도, 현명한 사람이 취할 태도는 아니다. 이 경우에는 결 국 아부나 험담, 둘 중의 하나가 돼서 자신의 무덤을 파는 것이 되기 쉽기 때문이다.

당신이 생각하는 것을 사람들 앞에서 너무 쉽게 입에 담아서는 안 된다. 좋은 아이디어가 있다고 해도 그것을 방해하는 사람은 반드시 있다. 어렵게 생각해낸 아이디 어가 무위로 돌아갈 가능성이 있다.

히든카드는 마지막까지 숨겨놓아야 한다. 그렇게 하면 사람은 호기심 때문이라도 기대감이 높아진다.

일상의 대화에서도 무방비로 속마음을 드러내서는 안 된다.

자신의 목적을 확실하게 말하면 타인의 존경을 받는 것이 아니다. 그런 일을 하면 오히려 악의에 찬 비평을 초래할 뿐이다. 그리고 만일 당신의 계획이 실패하면 당신의 불행은 그만큼 커질 것이다. ◈

지나친 간섭은 하지도 받지도 말아야 한다

인간관계에 있어서 '지나침'이 있어서는 안 된다. 현명한 절도를 유지하고 서로의 주체성을 존중해야 가장 좋은 관계를 형성할 수 있다.

다른 사람의 일에 지나치게 끼어들거나, 상대가 말하는 대로 해서는 안 된다.

또 자신의 행동이나 생각에 대해서 지나치게 간섭하게 해서도 안 된다.

타인과 자신과의 사이에는 넘어서는 안 되는 '선'이 있다. 그것을 분명하게 지키는 것이 상대를 존중하는 것이기도 하다.◈

필요 이상의 변명을 해서는 안 된다

실패했을 때 해야 할 것은 실패를 인정하고 사죄하는 것이다. 이것이 최선이다.

자신의 잘못을 가볍게 하려면 또는 자신의 견해를 보충하기 위해 변명을 늘어놓는 것은 보기에 대단히 거북하다. 자기 자신을 깎아내리는 것이다.

비록 상대방이 요구한다고 하더라도 필요 이상의 변명을 해서는 안 된다.

실패를 범한 마이너스에 더해서 상대에게 불신감을 품게 해서 '믿을 수 없는 사람'이라는 낙인이 찍히게 된다.

단, 오해하고 있을 때나 모욕당했을 때는 침묵하지 말아야 한다. 이런 때에는 자신의 결백을 증명하기 위해 오히려 당당히 주장해야 한다. ◈

You have to choose

혼자서 반대해 봤자
득이 될 것은 아무것도 없다

유행하는 패션을 보면 똑같은 복장을 한 사람들이 있다. 맛집으로 소문나면 사람들이 장사진을 이룬다.

그런 현상을 싸늘한 시선으로 바라보며 냉혹하게 비판하는 것은 그다지 좋지 않다. 자신에게는 매력이 없는지 몰라도 많은 사람이 기뻐하는 데에는 나름의 이유가 있다고 이해하는 편이 좋다.

거절하지 말고, 한번은 체험해 보자. 좋은 점을 알 수 있을지도 모른다.

만일 좋은 점을 모른다고 해도 비웃어서는 안 된다. 자신도 감탄한 척하는 것이 현명하다.

혼자서 반대해 봤자 득이 될 것은 아무것도 없다. '이상한 사람'이라고 비난받거나 미움을 받는 구실을 줄 뿐이다.◈

항상 '만약에 일어날지도 모를 일'을
생각해야 한다

자신의 장래에 일어나는 일에는 '반드시 일어나는 일'과 '혹시 일어날지도 모를 일'이 있다.

이 중에 '혹시 일어날지 모르는 일'에 항상 신경을 쓰는 것이 중요하다. 시대의 흐름을 예측하고 자신이 걸어갈 여정에서 만나는 사람들의 행동이나 생각도 예측한다.

이렇게 하고서야 자신이 취해야 할 행동을 결정할 수 있다. 어떤 때라도 '예측하는 일'을 게을리해서는 안 된다. ◈

명예심이 있고 책임감이 큰 사람과 사귀어야 한다

어리석은 사람을 알아보지 못하는 것은 어리석은 사람이다. 상대가 어리석은 것을 알고 사귀는 것은 더 어리석다. 그들은 처음에는 잘 위장하지만 곧 본성을 드러낸다. 무슨 일이 일어나면 금방 큰 소란을 피우고 사람을 곤란에 빠뜨린다. 또 그에 대해 반성도 없이 다시 반복한다.

이런 사람과 사귀면 폐만 입을 뿐이다. 일정한 거리를 유지해야 한다.

그러나 한 가지 그들에게 장점이 있다고 한다면, 그것은 나에게 좋은 반성의 재료가 된다는 것이다.

명예심이 없는 사람은 멀리하는 것이 좋다. 왜냐하면 명예를 중시한다는 것은 바르게 산다는 것의 근원인데, 그런 중요한 명예를 중시하지 않는 사람이라면 뜻이 없고, 믿을 수 없는 사람임이 틀림없다.

　명예심이 있고 책임감이 큰 사람과 사귀어야 한다. 이런 사람이라면 책임을 공유할 수 있다.

　만일 그런 사람과 불화가 생겨도 믿음을 배신하는 일은 하지 않는다.

　절조가 없는 사람과 사이좋게 지내기보다는 정의의 사자와 싸우는 편이 오히려 명예로운 일이다.

　우리는 살아가면서 다양한 사람들과 만난다. 그러나 모든 사람과 원만한 관계를 맺을 수는 없다.

　개중에는 서로 상처를 주는 관계, 한없이 불쾌한 관계도 있다. 접촉한 순간 생각지도 않은 위험에 직면하는 예도 있다.

　인간과 교류라고 하는 바다 여행은 절대로 편한 것만이 아닌, 잘못하면 예기치 못한 암초에 걸려 난파하기도 한다.

고대 그리스의 전설적인 시인 호메로스의 시에 나오는 오디세우스의 지혜는 '위험으로부터 멀어진다.'라는 한마디였다.

가장 안전한 방법은 '보지 않은 척한다.', '듣지 못한 척한다.'라는 것이다. 하지만 이것은 의도적으로 하지 않는 것이다. 상대에게 실례가 되지 않도록 하고, 이 방법을 사용하면 위험을 잘 피할 수가 있을 것이다.◆

'No'라고 말하지 못하는 사람은
이용 도구로 쓰일 수 있다

'Yes'인가 'No'인가?

말하기는 쉽지만 그전에 잘 생각하는 것이 중요하다. 간단히 'Yes'를 연발하면 자신의 목을 조르는 것과 같다.

또 'No'라고 말하지 못하는 사람은 이용만 당하는 단순한 이용 도구로 간주할 가능성도 있다. 'No'는 마음이 착한 사람일수록 사용하는 것을 주저하는 경향이 있다. 그러나 필요한 때에는 마음을 다잡고 말하지 않으면 안 되는 중요한 말이다.

그러나 모든 일에 대해 남발해서는 안 된다. 무슨 일이든지 처음부터 거부하는 것은 좋지 않다. 오히려 부탁하는 쪽이 자신의 잘못을 깨닫도록 순서를 밟아서 조금씩 'No'를 꺼내 가야 한다. '거절의 쓴맛'을 완화하기 위해서는 '희망의 단맛'을 첨가하는 것도 중요하다. ◈

상대방이 거절하지 못하게 부탁하는 방법

어떤 일을 '부탁하기 쉬운 사람'과 '부탁하기 어려운 사람'이 있다. 상대가 싫다고 말하지 못하는 착한 사람이라면 고생은 하지 않는다.

그러나 부탁하기 어려운 사람에게 일을 부탁하는 데에는 기교가 필요하다. 먼저 상대가 기분이 좋을 때를 노린다.

단, 처음부터 이쪽의 의도를 알아차리게 해서는 안 된다. 상대가 한 수 위인 경우는 이쪽이 말을 꺼내기 전에 재빨리 거절하는 예도 있기 때문이다.

또 상대가 'NO'라고 말하게 하지 않기 위해서는 사전에 조금 공을 들이는 것도 좋다. 상대가 거절하려고 해도 할 수 없는 상황을 만드는 것이다. 상대가 양심적일수록 그 효과는 크다.

이 기교는 한 조각의 양심도 없는 사람에게는 통용되지 않는다. 그러니 처음부터 그런 사람에게는 중요한 부탁 자체를 하지 않는 것이 좋다.◈

사람은 '재능'보다 '땀'에 호의를 보낸다

천부적인 재질을 발휘해서 성공한 천재에게 사람들은 매혹당하고 찬미한다. 그러나 자신과 너무 먼 존재이기 때문에 그 이상 다가가려고 하지 않는다.

그러나 피땀 어린 노력의 결과로 똑같은 성공을 거둔 사람에게는 친근감을 느끼고 호의를 품는다.

사람은 '재능'보다 '땀'에 호의를 보인다.

천부적인 재질이란 토대와 같은 것으로, 끝없이 노력을 거듭하고서야 비로소 훌륭한 건축물을 완성할 수 있다. 그것이 사람들로부터 인정을 받는 성공한 사람의 모습이다.

단, 그렇게 되기 위해서는 자신 혼자만의 힘으로는 한계가 있다. 사람들에게 사랑받고 성원을 받아야 꽃을 피울 수 있다는 것을 잊어서는 안 된다.◈

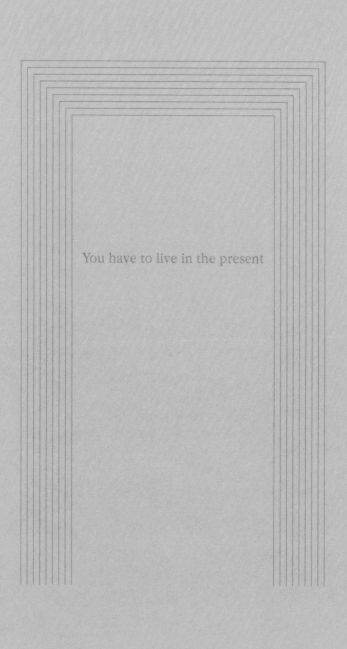

You have to live in the present

CHAPTER 5

현재를 살아야 한다

불행한 사람 곁에는
사람들이 다가가지 않는다

떠날 때의 박수갈채를 생각해야 한다

누구라도 첫 무대에 등장하면 갈채로 환영받는다.

그러나 그런 갈채에 의기양양해져서는 안 된다. 그보다는 엔딩 때의 박수갈채에 무게를 두어야 한다.

어떤 조직에서나 물러날 때 애석하게 느끼게 하는 사람은 적다. 세상 사람들은 새로 온 사람에게는 친절하고, 떠나가는 사람에게는 냉정하다.

불행한 사람의 공통점은 '행복한 전반기의 생'과 '비참한 후반기의 생'이 있다. 그래서 사전에 결말을 예상하고 모든 일에 임해야 한다. '시작에 끝을 생각한다.'라는 것이 중요하다. ◈

사람들이 따르는 사람이 되어야 한다

사귀기 쉽고, 기분 좋은 사람이라는 평판을 얻도록 해야 한다.

특히 사람들의 위에 선다는 것은 다른 사람에게 기쁨을 주고 호의를 획득할 수 있는 선택받은 위치에 오른다는 것이다. 다른 사람의 위에 서는 사람의 특권 중의 하나는 남들보다 더 많은 선행을 베풀기 쉽다는 것이다.

그런 사람이 친근함이 넘치는 태도로 대하고, 격려의 말을 해주면 부하에게 있어서는 더없는 기쁨이다. 이 기쁨은 그 무엇과도 바꿀 수 없다.

그리고 '이 사람을 위해 최선을 다하자.'라는 의욕으로 가득 차게 된다.

인간은 상반된 두 개의 성격을 지니고 있다. '가슴을 펴고 자랑할 수 있는 천사'의 부분과 '천하고 추한 악마'의 부분이다.

항상 천사로 있는 것이 이상적이지만, 인간은 미숙한

생명체이다. 때로는 악마가 머리를 쳐드는 일도 있다. 그래서 자신을 책망할 필요는 없다. 그것을 깨닫는 것이 중요하기 때문이다.

깨달을 수만 있다면 악마의 부분이 될 수 있으면 억제하고 수정하는 것도 가능하다.

천사의 마음을 핵으로 하는 삶의 방식을 지향한다. 품위 있게 산다는 것은 가장 행복한 삶의 방식이다.◈

You have to live in the present

시대를 초월해서 사는 것은 불가능하다

어느 시대에도 그 시대 특유의 흐름이 있다.

아무리 뛰어난 능력을 지니고 있어도 시대와 부응하지 않으면 능력을 충분히 발휘하지 못하기도 한다. 주위로부터 이해를 받지 못하고 잊히는 슬픔을 맛보기도 한다. 만일 저 사람이 다른 시대에 태어났더라면 하고 생각되는 사람도 많다.

모든 일에는 그에 걸맞은 타이밍이 있다. 시대를 초월해서 사는 것은 불가능하다. 냉혹하지만 그것이 현실이다.

단, 일생 갈고닦은 지혜에게만은 반드시 후세까지 이어지는 '영원불멸'이라는 특권이 주어져 있다.

시대는 시시각각 변화한다. 지금까지 잘되었다고 해서 앞으로도 똑같은 방법이 통용된다는 보장은 없다. 중요한 것은 변하는 시대의 흐름을 확실히 읽어내고, 현재를 받아들이는 유연한 자세를 갖는 것이다.

CHAPTER 5 현재를 살아야 한다 · 180

유행은 일반대중이 만들어가는 것으로 시대의 흐름을 무시해서는 성공할 수 없다.

비록 내심은 '지나간 좋은 시대'를 그리워하더라도, 그 것을 감추고 유행하는 옷을 입는 것처럼, 정신에도 현대 의 의상을 두른다.

단, 이 처세술은 덕을 쌓는다는 면에서 보면 올바르다 고 하기 어렵다. 왜냐하면 도덕이라는 것은 불변한 것이 지 시대에 따라 좌우되는 것이 아니기 때문이다.◈

선입견을 버려야 한다

세상에서 선입견처럼 사람을 잡는 것은 없다. 그것은 족쇄처럼 언제나 그를 따라다니게 된다. 과거의 그를 영원히 과거의 인간으로 잡아두게 된다. 그것을 완전히 깨치는 인간들은 존재치 않는다.

다만 인식에서 탈출하려고 노력하는 자들만이 조금씩 보일 뿐이다.

과거에 살인을 저지른 사람이 형기를 마치고 출옥했다 해서 새사람으로 탄생할 수 없듯이 그가 어떻게 변했든 그 사실을 알고 있는 사람들은 그를 영원토록 그 속에 가두려고만 한다.

하지만 그것은 병적으로 나쁜 일임을 알아야 한다. 편견을 버려야 한다.

허위에 대한 폭로는 정신의 자양분으로 자리를 했었다. 그것은 정의가 누리는 숭고한 기쁨이었다. 정신은 육체와는 별개의 세상이다. 육체는 세상에 적응하며 그 어떤 세상도 가질 수 있지만 정신은 그렇지 않다.

육체가 아무리 난잡한 곳으로 끌고 간다고 해도 숭고
해질 수 있는 것이 바로 정신이다. 그 세계는 결코 육체를
용납하지 않는다. 육체가 다다를 수 없는 그곳은 인간이
숨을 수 있는 가장 완벽한 세상이다. 그러나 그 속에서도
편견만은 당당하게 숨을 쉰다.◈

진리와 진실은 숙성되고 발효되어야 한다

사람은 겉모습만으로도 얼마든지 기쁨을 만끽할 수 있다. 그러나 그 순간은 매우 짧다. 그리하여 사람들은 그것들에 더욱 마음을 빼앗기며 다가가게 된다. 그래서 세상에는 순간의 만족만이 존재하는 것이다. 기쁨과 아름다움은 언제나 이른 시간 속에서 그 모습을 드러내게 된다. 인생 자체가 짧아지는 것도 바로 즐거움을 만끽하기 위해서이다.

하루를 정신없이 보내는 이유도 여기에 있는 것이다. 그렇기에 인생은 한낱 껍데기에 불과한 것이다. 그리하여 삶이 인간을 속이게 되며 삶 자체가 기만이다.

껍데기 같은 사람들은 진실한 것, 올바른 것들이 내면에 있지 않고 깊은 곳에 머무르게 되어 쉽게 변하지 않으며 또 타인들에게 발견되기도 쉽지 않다.

세상에 드러내는 진실이란 있을 수 없다. 깊고 깊게 그 어느 속에서 숙성되고 발효되다가 그 지나친 냄새로 드러나게 되는 것이 바로 진리이며 진실이다. 그래서 인간이 진실과 정의를 발견하는 데에 시간이 걸리게 되는 것이다.◈

현재를 진지하게 살아야 한다

태양은 빛이 사그라지기 전에 구름 속에 숨어서 일몰의 모습을 보이지 않으려고 한다. 사람도 마장의 중앙에서 낙마해서 웃음을 사기 전에, 말에서 내리는 편이 좋다.

만사에 자신이 할 수 있는 일과 할 수 없는 일을 잘 구분해서 자신이 먼저 결단을 내리는 것이 현명한 분별이다. 우물쭈물하고 있으면 아무런 일도 하지 못한다. 많은 사람이 '아직 할 수 있는데.'라고 애석해할 때 무대에서 내려와 여유로운 마음으로 만년을 즐긴다. 그런 인생을 실현해야 한다.

그를 위해서는 현재를 진지하게 살아야 한다.◈

바람과 파도가 거칠 때에는
아등바등해도 소용이 없다

항해 중에 폭풍우를 만났을 때 노련한 선장은 닻을 내리고 키를 접고, 안전한 항구로 피신한다. 이것이 가장 현명한 방법이라는 것을 선장은 숙지하고 있기 때문이다.

인생의 항로에서도 바람과 파도가 거칠 때에는 아등바등해도 소용이 없다.

명의는 투약을 보류할 수 있다. 병의 증상에 따라서는 아무것도 하지 않는 것이 치료를 위한 지름길이라는 것을 알고 있기 때문이다.

탁해진 샘물은 언젠가 다시 맑아진다.

폭풍은 영원히 계속되지 않는다. 때가 오면 이윽고 지나가기 마련이다. 비는 언젠가 갠다. 그리고 새지 않는 밤은 없는 것이다.◈

자신의 운세는 자신이 조절해야 한다

자신의 운세를 가늠하지 않으면 안 된다. 그 후에 어떤 행동을 취해야 할 것인가, 어떤 일에 임해야 할까를 결정하는 것이 좋다.

자신의 운세를 자신이 조절할 수 있다는 것은 행복하게 살기 위한 훌륭한 기술의 하나이다.

모든 사람의 운은 올 때가 있다. 끈기 있게 운이 자신에게 향하는 때를 기다리는 것도, 기회를 타서 마음껏 운을 이용하는 것도, 모두 이 '기술'이다.

한 차례 행운의 도래를 가늠했다면, 망설이지 말고 용기를 가지고 맹렬히 돌진한다. 반대로 운이 없다고 생각되면, 아무것도 하지 않고 그저 침착하게 조용히 있는 것이 좋다. 단, 행운의 여신은 변덕꾸러기이다. 그래서 때를 가늠하고 대응하는 지혜를 지니고 있어야만 한다.◈

행운과 불운은 일시적이다

무슨 일을 해도 잘되는 날이 있으면, 또 그 반대로 하는 일마다 실패하는 날도 있다. 이것이 이른바 '재수'라는 것이다.

주사위도 두 번 던져 봐서 좋은 숫자가 나오지 않으면 그것으로 재수가 없다고 생각하는 것이 좋다.

오늘이 재수 없는 날이라는 것을 알면 무리를 하지 않아야 한다.

편지 한 통을 쓴다고 해도 잘 써지는 날도 있지만, 도무지 잘 써지지 않는 날도 있다. 반대로 모든 것이 잘되는 날도 있다. 그런 기회를 잘 잡는지 어떤지가 성공과 실패의 분수령이 된다.

단, 깊이 생각하는 사람은 한 가지 일을 가지고 단순하게 그날의 운세를 판단하지 않는다.

대길이라고 생각된 일도 단순한 행운이거나, 반대의 경우에서도 단지 사소한 불쾌한 사건일 수 있기 때문이다.

불운이 영원히 지속되지 않는 것처럼 행운 역시 일시적인 것으로, 언제까지나 지속되지 않는다.

솜씨가 좋은 도박사는 아직 운이 있는 사이에 도박에서 손을 뗀다. '이 운은 영원히 지속되지 않는다. 행운이 이어진다는 것은 앞으로는 불운에 직면할 확률이 높다.'라는 것을 그들은 잘 알고 있다.

타이밍을 헤아려서 깨끗이 물러서는 것이 용감하게 공격을 계속하는 것보다 훨씬 중요하다.

행운이 계속돼도 절대로 흥분해서는 안 된다. 행운의 여신은 지치기 쉬운 체질로, 한 사람의 인간을 자신의 어깨에 태우고는 그리 오래 견디지 못한다.

행운을 잡기 위해서는 기술이 필요하다.

현명한 사람은 행운은 우연히 주어지는 것이 아니라 노력으로 손에 넣는 것이라는 사실을 알고 있다.

그중에는 행운의 여신 신전 앞에 눌러앉아 문이 열리기를 끈기 있게 기다리는 사람도 있다.

그러나 현명한 사람은 다르다. 미덕과 용기라는 날개를 달고 여신이 있는 곳으로 날아올라, 행운을 붙잡기 위해 여신의 마음을 헤아려서, 현명하고 대담하게 말을 건넨다.

여기에는 성실함과 노력 이외에 성공의 특효약 따위는 없다. 다시 말하면 잘 생각하고 있는지 어떤지, 그 차이일 뿐이다. ◈

일이 잘되는 때일수록 틈을 보여서는 안 된다

인생이 어떤 계기로 크게 어긋나는 때가 있다. 그 계기는 '방심'이라는 이름의 느슨함일 때가 많다.

'평소라면 이런 실수를 할 리가 없는데.'

'왜 그때 주의를 하지 않았을까.'

이렇게 느꼈을 때는 이미 엎질러진 물이다. 아무리 현명한 사람이나 용감한 용사라도 방심으로 순식간에 설 자리를 잃어버릴 수 있다. 이상하게도 가장 조심하지 않으면 안 될 때 경계심을 게을리한다. 사소한 마음의 느슨함에 의해 모든 것을 잃어버리는 일조차 있다.

운명의 신은 아주 작은 틈을 발견하면 때로는 가혹한 장난을 친다. 일이 잘되는 때일수록 틈을 보여서는 안 된다.◈

불운한 사람은 마이너스 힘으로
타인의 운마저 집어삼킨다

세상에는 불운한 사람과 행운의 사람이 있다.

행운의 사람이란 운을 자신의 손으로 끌어당기는 힘을 가지고 있는 사람을 말한다. 기꺼이 손을 내밀어 동료로 친하게 지내고 싶어 한다. 그렇게 하면 행운의 사람의 삶의 방식을 배울 수도 있고, 자신도 행운의 길로 나아갈 수 있을 것이다.

반대로 불운한 사람과는 거리를 두고 가능하면 관계를 갖지 않도록 해야 한다. 불운한 사람은 운을 끌어당기는 힘이 부족할 뿐 아니라, 마이너스 힘으로 타인의 운마저 집어삼킨다. 자신도 모르게 가까이하면 불운에 휩싸일 위험이 있다. 설사 불운한 사람의 불운한 상황을 목격하더라도 무방비로 동정해서는 안 된다. 마음을 연 순간 자기 자신도 휩쓸려 벗어날 수 없기 때문이다.

행운과 불행에는 '연쇄반응'을 일으키는 성질이 있다.

행복한 사람은 항상 웃는 얼굴을 갖는다. 웃음을 지으면 웃는 얼굴을 한 사람이 다가온다. 그리고 웃는 얼굴은 넓게 퍼지고 점점 더 행복해진다.

불행한 사람 곁에는 사람들이 다가가지 않는다. 불운을 한탄만 하는 사람에게 다가오는 것은 불행한 얼굴을 한 사람뿐이다.

불행의 시작은 대부분 아주 사소한 부주의나 실패인 경우가 많다. 그것을 내버려 두면 실패가 이어지고 불행의 나락에 떨어진다.

불행에는 '천재'와 '인재'가 있다. 인재에 대해서는 깊은 사려와 판단으로 피하도록 해야 한다.

자신의 불행을 타인에게 동조 받으려고 해서는 안 된다. 불행담을 털어놓으면 확실히 타인은 귀를 기울일 것이다.

그러나 한탄하고 슬퍼하는 모습에 진심으로 동정하는 것만은 아니다. '남의 불행은 나의 행복'이라도 되는 듯이 흥미진진하게 듣는 것뿐이다.

이와는 반대로 다른 사람에게 받은 은혜에 많이 감사하고 있다는 것을 사람들 앞에서 보여주어야 한다. 그 말을 들으면 자신도 더 큰 은혜를 그 사람에게 베풀고 싶어진다.

이렇게 해서 남에게서 받은 은혜를 널리 알리면 사람들은 앞다투어 당신에게 은혜를 베풀려고 하므로 처음에 은혜를 베푼 사람이 당신에게 품은 신뢰를 두 배의 가치로 다른 사람에게도 팔 수 있는 것이다.

어떤 사람의 불행이 때로는 다른 사람에게 행복이 될수 있는 것이 세상이다. 경쟁사회에서 발생하는 필연이 아닐 수 없다. 그래서 세상은 상대적이다.

　그러므로 불행을 당한 이들의 인생 속으로 달려들 필요는 없다. 다른 사람들이 불행해져야만 행복한 사람이 태어나는 현실이다. 불행을 당한 사람들은 그 신세를 이용해 남들의 동정표를 얻으려 한다. 그것으로 불운한 인생을 보상받으려 하는 것이다.

　주위를 둘러보면 항시 불행한 자들과 동행하는 사람들이 있다. 조건 없이 사랑을 주는 사람들도 있다. 이들은 의인이며 자비로운 사람들이다. 신의 마음을 지닌 사람들이다. 잘 나가던 사람을 보며 그를 질시하던 사람들이 그가 몰락되자 연민의 정으로 보듬는 사람들도 있다.

　하지만 항시 불행한 사람들과 기거하는 사람들과는 달리 그들은 위대한 자비를 베풀고 있는 것이 아니다.

　사람은 때로는 본의 아니게 동정표를 던질 때가 있기 때문이다. 잠시 위대할 수 있는 사람은 세상엔 얼마든지 있기 때문이다.◈

할 수 없는 약속은 해서는 안 된다

한 번 입에 담은 일은 결과를 내지 않으면 안 된다. 한 말을 실행하지 않으면 거짓말쟁이라는 꼬리표가 붙는다. 그래서 할 수 없는 약속은 해서는 안 된다. 침묵이야말로 '금'이다.

단, 침묵을 지키는 것은 생각보다 어려운 일이다.

왜냐하면 타인은 이런저런 수를 써서 이쪽의 입을 열게 하려고 하기 때문이다.

이런 일들에 흔들리지 않고 자신의 감정을 억제할 수 있으면 쓸데없는 발언으로 자신을 궁지에 모는 일은 없을 것이다.

가벼운 사람일수록 말이 많다. 말 많은 정치가일수록 실언도 많다.

수다는 정신의 빈곤함, 이성의 불건전함을 증명한다.

자신의 혀조차 제어하지 못하는 것은 어리석음의 증거인 것이다.◈

앞을 내다볼 수 없을 때의 사전방책

미지의 분야에 도전할 때 마음속에는 불안이나 망설임이 생긴다.

앞을 읽을 수 없고 결과를 예측할 수도 없다. 길일까, 흉일까······.

그러나 해보지 않으면 어느 쪽인지 알 수 없다.

이러한 불안에 대항하기 위해서는 '속을 떠보는' 방법이 있다.

정보를 의도적으로 조금 흘리거나, 변죽을 울리는 행동을 하거나 해서 주위의 반응을 시험해 보는 것이다. 이렇게 하면 비록 막연하지만 결과를 예상할 수 있다. 그 위에 이대로 실행할 것인지, 계획을 수정하는 편이 좋은지를 판단하면 된다.

이것은 일을 진행하는 데 있어서뿐 아니라 다른 사람에게 무언가를 부탁하는 경우, 다른 사람의 사랑을 얻으려고 할 때도 도움이 되는 방법이다.◈

You have to live in the present

항상 그에 대신하는 것을 겸비해야 한다

지금, 자신이 가지고 있는 것이 영원히 자신의 것이라고 장담할 수 없다.

누군가에게 빼앗길지도 모르고, 어느 순간 소멸할지도 모른다. 그래서 그에 대신하는 것을 항상 겸비하고 있지 않으면 안 된다.

우리의 신체에는 중요한 것은 두 개씩 갖추어져 있다. 그것을 이중으로 가지고 있는 것은 자연계의 신의 지혜라고 할 수밖에 없다.

그러므로 예비, 저축이 중요하고, 성공이나 행복을 가져다주는 것을 이중으로 준비해서 가지고 있는 것이 현명한 것이다.◈

눈에 띄려고 하면 손해를 보기 마련이다

아무리 뛰어난 재능의 소유자라고 해도 사람들 눈에 두드러지게 보이게 되면 결점이 드러나기 마련이다.

기인이나 괴짜는 눈에 띄기 때문에 미움을 받는다. 미모도 너무 도드라지면 사람들의 질투나 미움을 산다.

세상에는 눈에 띄고 싶어 하는 사람이 있다. 그들은 기발한 외모나 비상식적인 언동 등으로 눈에 띄려고 한다. 눈길을 주는 사람들이 칭찬만 하는 것은 아니다.

눈에 띄려고 하는 사람은 결국 손해를 보는 경우가 많다.◈

듣는 사람이 누구인지와 관계없이
주의해서 말해야 한다

중요한 발언에는 세심한 주의를 기울여야 한다. 듣는 사람이 누구인지와 관계없이 주의해서 말을 해야 한다. 한번 말을 하면 끝이다. 나중에 취소할 수는 없다.

그러나 말이 부족하면 보충하고 나중에 덧붙이는 일은 얼마든지 가능하다. 그래서 사람과 중요한 일에 대해 말할 때는 자신이 말하는 내용을 잘 음미하고 신중하게 말해야 한다.

말수가 적으면 적을수록 물의를 일으킬 일은 적어진다. 평소의 대화를 중요한 이야기를 할 때를 위한 연습이라고 생각하면 좋다.

경솔한 발언은 바로 설복당하거나 면박을 당한다. 진중한 사람의 이야기에는 일종의 신비한 울림이 있고 다른 사람의 신뢰를 얻기 쉽다.◈

사람을 조종하고 싶다면
상대의 욕망을 파악하면 된다

사람을 행동하게 만드는 데에는 반드시 동기가 있다. 그 동기를 파헤치면 욕망에 다다른다. 어떤 사람은 명예욕, 어떤 사람은 금전욕, 또 쾌락욕의 지배를 받는 사람도 적지 않다.

욕망을 충족하기 위해 사람은 필사적이다. 욕망을 충족시켜주는 기회는 절대로 놓치지 않는다. 만일 그런 기회를 주는 사람이 있으면 바로 달려들어 물고 늘어질 것이다.

욕망이란 약점이기도 하다.

만일 사람을 조종하고 싶다면 상대가 무엇을 원하고 있는가를 가늠하면 된다. 그 사람을 움직이게 하는 욕망을 간파할 수 있으면 자신의 의도대로 움직이게 하는 것도 가능하다.◈

때로는 어리석음을 가장할 필요도 있다

예전 그리스 아테네에서는 『도편추방(오스트라시즘)』이라는 제도가 있었다. 이것은 일종의 대중에 의한 재판으로 마음에 들지 않는 사람의 이름을 도편에 기재하여 투표해서, 해당자는 5년 또는 10년 동안 국외추방에 처하는 것이다. 아무리 뛰어난 인물이라도 예외는 인정되지 않았다.

그런데 나쁜 일을 저질렀다는 이유라면 이해할 수 있지만, 그중에는 '저 사람은 결점다운 결점이 없다. 너무 완벽하다.'라는 이유로 추방당한 사람도 있다고 한다.

번개가 가장 큰 나무 정수리에 떨어지는 것처럼, 다른 사람의 비난도 가장 공적이 높은 인물의 머리 위에 떨어진다. 따라서 현명한 사람은 때로 어리석음을 가장할 필요도 있다.◈

기회가 찾아오면 바로 실행에 옮겨야 한다

　용의주도한 사람은 혼자 있을 때도 항상 사람들 앞에 있는 것처럼 행동한다. 수많은 시선이 항상 자신을 보고 있다고 의식하면 적당한 긴장감 속에서 행동도 우아해지고, 등도 저절로 곧게 펴진다.

　이것이 자연스럽게 몸에 배면 막상 중요한 일이 직면하더라도 조금도 동요하지 않는다. 이것이 흔들림 없는 자신감으로 이어진다.

　기회가 찾아오면 망설이지 말고 결단을 내리고 바로 실행에 옮기는 사람이 있다. 그 원동력이 되는 것은 '자신감'이다. 평소에 자신을 갈고닦기 때문에 체력과 지력, 그리고 정신력에도 절대적인 자신감을 느끼고 있다. 그래서 어떤 일에도 휘둘리지 않는다.

　비록 실패했다고 해도 자신감은 흔들리지 않는다. 다음에 찾아올 큰 기회에 대비해서 한층 자신을 단련할 것이다. 그들에게는 실패조차 하나의 기회이다.◈

You have to live in the present

행동하기 전에
모든 사태를 예상해보아야 한다

생각나는 대로 행동하면 실패할 경우가 많다. 행동하기 전에는 모든 사태를 상정하는 것이 바람직하다.

그러나 너무 조심하는 것도 좋지 않다. 앞이 너무 잘 보이면 망설이게 되어서 행동하기 전에 '시기를 놓치는' 신세가 되기 쉽다.

과일이 익으면 가장 맛있는 시기에 재빨리 따야 한다. 너무 익으면 이내 썩어버려서 먹을 수가 없게 된다.

오늘 작심하고 행동하면 일의 절반은 성공한 것과 마찬가지이다. '느긋하게 서두르라.'라는 말이 당신에게 최상의 격언이 될 것이다.◈

시간을 즐겨야 한다

일상생활은 활동과 휴식, 두 가지로 나뉜다.

활동 중에서도 노동은 힘들다. 한편 휴식은 즐겁고 쾌적한 것이다. 누구나 즐거운 시간이 줄어드는 것을 싫어한다. 그래서 활동, 노동은 신속하게 하고, 휴양이나 즐거움은 느긋함을 기준으로 하는 것이 좋다.

제한된 일생의 시간을 잘 분배해서 사용하는 사람은 시간을 즐기는 법을 아는 사람이다. ◈

너무 넘치면 모자람만 못하다

부자를 부러워하지 않아도 좋다. 그들은 재산을 지키기 위해 종일 긴장을 강요당한다.

명품을 부러워하지 않아도 좋다. 명품일수록 부서지기 쉽고 싼 물건은 질리도록 오래간다.

'너무 넘치면 모자람만 못하다.'라는 말이 있다. 돈이 너무 많은 것도 좋지 않고 너무 없는 것도 좋지 않다. 너무 아름다워도 좋지 않지만 너무 못생겨도 곤란하다.

먹고살기에 곤란하지 않을 만큼 돈이 있고 적당한 용모를 지닌 사람이 많은 것은 신이 그런 사람을 사랑하기 때문일 것이다. 따라서 그런 사람일수록 의외로 행복한 인생을 보낼 수 있는 것이다. 중용은 특권의 일종이다.

'복팔분목(腹八分目)'이라는 말이 있다. 100% 배가 부를 때까지 먹는 것보다 '조금 부족하지만…….'이라는 순간 멈추는 편이 훨씬 좋다는 말이다.

　모든 것을 손에 넣어버리면 희망은 없어지고, 행복 그 자체가 불행이 된다.

　행복하다는 것이 그대로 불행하게 느껴지기조차 하는 것이다.

　지식도 마찬가지이다. 뭔가 더 알고 싶다고 생각하는 것, 자신의 호기심을 자극하는 듯한 것을 남겨두어야 한다. 행복에 질리는, 이런 치명적인 불행은 없다.◈

새로운 자신으로 다시 태어나야 한다

지혜롭지 못한 사람은 자신의 판단으로 행동하지 않는다. 타인에게 의지하고 타인의 지시에 따르는 방법밖에 길은 없다.

덕이 없는 사람은 무엇을 해도 열매를 맺지 못한다. 다른 사람에게 존경받지도 못한다.

경험이 없으면 무엇을 해도 불안정하다. 캄캄한 밤에 앞이 보이지 않는 길을 손을 더듬어가며 걸어갈 수밖에 없다.

자신의 발로 서고, 자신의 머리로 생각하고, 진정한 의미에서 자립한 굳센 삶의 방식을 원한다면 더는 두려울 것은 아무것도 없다.

지혜와 도덕이 탁월한 그리스의 철인 디오게네스는 자신을 믿고 자신만을 의지하여 자신 속의 일체를 소유해서, 독립자존의 위인으로, 유유자적할 수 있었다.

아무리 뛰어난 재능도 시간과 더불어 퇴색해간다.

솜씨를 뽐내던 수완도 시간이 지나면 빛바래져 간다. 그리고 드높던 명성도 하루하루의 흐름과 더불어 과거의 것이 되어간다.

낡아빠진 자신에게 언제까지나 미련을 두고 집착해서는 안 된다. 어서 빨리 탈피해서 새로운 자신으로 다시 태어나야 한다.

이집트 신화에 나오는 피닉스라는 불사조는 수백 년에 한 번, 스스로 일으킨 불꽃에 몸을 던져서 젊고 싱싱한 모습으로 다시 태어난다고 한다.

낡아빠진 자신에 연연하지 않고 완전히 새로운 자신을 재생하는 삶의 방식을 이 불사조에게서 배워야 한다. ◈

You have to live in the present

성급함은 일을 망친다

성급함처럼 일을 망치는 것도 드물다. 침착한 사람들은 결코 일을 엉뚱하게 만들지 않는다.

누구든 쓸데없이 뛰어들어 허둥대다가 일을 망치게 된다. 성급한 사람들은 그리 주위를 의식하지 않는다. 배경은 쓸 데가 없다. 오로지 앞만이 있을 뿐이다.

하지만 중요한 것들은 앞에 놓여 있는 것들이 아니다. 언제나 길옆으로 비켜 있는 것들이 귀한 것이다.

귀한 보물들이 모든 사람이 볼 수 있는 길 가운데에 있는 법은 없다. 숨겨져 있기에 신비감과 함께 귀함으로 서게 되는 것이다.

보물이 흔할 리는 없다. 그것의 진가를 알고 노리는 사람들이 즐비한 이상 그것들은 감춰질 수밖에 없는 것이다.

그런데도 성급한 사람들은 결코 옆을 보지 않는다. 그래서 모든 걸 놓치게 되는 것이다.

어떤 사람이든 주어진 것들을 적당히 분배해 나눠 쓸 줄 알게 되면 그것들을 몇 배로 즐길 수 있게 되는 것이다.

사람들은 늘 다가올 기쁨을 앞서기에 그것을 만날 기회를 잃고 마는 것이다. 그는 기쁨의 시각을 계산하지 못한 죄로 그것을 맞아들일 수가 없게 된다.

그런 성급함으로 모든 것을 잃고 마는 것이다. ◈

인생이란 평생을 두고 걸어가야 하는 여행이다

　여행이란 본래 즐기기 위한 것이다. '즐겁다.'라고 느낌으로써 마음은 여유로워지고, 몸도 건강해진다. 또 인생이라는 여행은 세대에 따라 즐기는 방법도 다르다.

　소년기에서 청년기에 걸쳐서는 이제까지 지혜롭게 삶을 살았던 현인(賢人)과 대화하는 것도 중요하다. 고전을 가까이함으로써 자신을 알고, 세계를 알게 된다.

　장년기에는 여행의 반려와 함께 여러 가지 일을 보고 듣는 일에 투자해야 한다. 자기 나라뿐 아니라 다른 여러 나라를 방문해서 새로운 지식을 쌓는 것도 유익하다.

　만년은 혼자서 조용히 이제까지를 반추하고 사색하거나 철학과 사상에 잠기는 것이 좋다. 이것이 인생의 마지막 즐거움이다.◈

타인을 위해 모든 것을 헌신할 필요는 없다

자신의 득이 되는 것밖에 생각하지 않는 사람을 '이기주의자'라고 한다. 원하는 것은 오로지 자신의 행복뿐, 타인을 위해 시간을 소비하는 것조차 자신에게 손해가 된다고 생각한다. 타인을 배려하지 않기 때문에 당연히 타인으로부터 배려받지도 못한다.

그러나 그렇다고 해서 타인을 위해 모든 것을 헌신할 필요는 없다.

이것은 지식도 마찬가지이다. 타인을 위한 정보는 무엇이든 알고 있지만, 자신에게 도움이 되는 것은 아무것도 모르는 사람이 있다. 이런 사람은 타인에게 이용만 당할 뿐이고, 또 이런 사람을 사랑하거나 존경하는 사람은 없다.◈

성자(聖者)는 악몽을 꾸지 않는다

'빨리 잊어버려야 할 것'을 '오랫동안 마음에 담아두는' 것이 인간이다.

기억은 가장 필요할 때는 도움이 되지 않고, 아무래도 좋은 때에만 모습을 드러내는 골치 아픈 존재이다. 싫은 일, 떠올리고 싶지 않은 일은 생생하고 상세하게 기억하고 있다.

그런 '마음의 아픔'을 없애는 데에는 잊는 것이 가장 좋은 묘약이다.

그보다 중요한 것은 올바른 마음으로 하루하루를 보내고 덕을 쌓으면서 살아가는 것이다. 그런 사람은 늘 아침에 기분 좋게 눈을 뜬다. 그들에게는 후회도 분노도 없다. 마음에 걸리는 일이 없으므로 숙면할 수 있다. 바로 '성자는 악몽을 꾸지 않는다.'라는 말 그대로이다.

타인의 행동을 잘 보고 배워야 한다

노력하는 데에도 결실을 얻지 못하고 하는 모든 일이 반대의 결과만 초래하는 사람이 있다. 무엇이 나쁜가 하면 '요령이 나쁜 것'이다.

말하지 않아도 좋은 말을 하거나, 해야 할 말을 잊어버리거나, 있어야 할 곳에 없고, 없어도 좋은 곳에선 나선다.

요령이 나쁜 것은 그리 간단히 개선할 수 있는 것이 아니다. 요령 있게 행동하려고 노력하면 노력할수록 스스로 제 무덤을 파거나 한다.

이런 사람은 타인의 행동을 잘 보고 배워서 요령 있는 행동 패턴을 몸에 익혀야 한다.◈

진실의 내용이 바르게 전달되는 일은 좀처럼 없다

　귀에 들어오는 모든 정보를 액면 그대로 받아들이는 것은 위험하다. 정보 대부분은 단순한 간접정보에 지나지 않기 때문이다.

　사실 진실의 내용이 바르게 전달되는 일은 좀처럼 없다.

　간접정보라는 것은 일종의 전언 게임과 같다. 사람이 중간에 개입할 때마다 각각의 생각이 뒤섞여서 내용이 미묘하게 변화한다.

　색안경을 끼고 보는 사람, 편견을 덧붙이는 사람, 상상을 추가하는 사람, 고의로 왜곡하려는 사람…… 등.

　다양한 사람을 거쳐서 전달된 정보가 진실과는 정반대의 모습을 하는 예도 있다.

　특히 소문의 대부분은, 진실과는 동떨어지기 마련이다.

　그것을 전달하는 사람의 생각이나 속내를 읽고, 허위나 과장을 간파할 필요가 있다.◈

진지하고 충실한 인생을 살아온 사람이 가치가 있다

한 번에 대량생산되는 것, 빨리 되는 것은 손쉽게 손에 넣기 쉽다. 그러나 품질 면에서는 그 가격대에 맞는 '딱 그만큼의 품질'밖에 되지 않는다.

반대로 오랜 시간을 들여서 하나씩 정성스레 만들어진 것은 가격도 훨씬 올라가고, 간단하게 손에 넣을 수가 없다. 싼 물건과 비교하면 품질도 좋고 모든 면에서 천지 차이다.

또 큰돈을 들여서 사들인 것은 취급할 때도 세심한 주의를 기울이기 때문에 오랫동안 유지할 수 있다.

물건뿐이 아니다. 사람도 마찬가지이다. 매일 아주 재미있게 보내는 사람보다 진지하고 충실한 인생을 살아온 사람이 훨씬 가치가 있다. 물론 존경받는 것은 후자이다. ◈

You have to live in the present

샛길의 유혹에 빠져서는 안 된다

세상에는 '전통' 또는 '관례'라는 것이 있다. 이것들은 선현들의 지혜로 인해 계승되어온 이른바 '천하의 왕도' 이다.

왕도에는 위험도 적지 않다. 또 이미 선현들이 열어놓은 왕도이기 때문에 평범하고 고리타분하기도 하다.

왕도의 도중에는 몇 개의 샛길을 발견할 수 있을 것이다. 그 샛길들이 묘하게 매력적으로 보이거나, '이쪽으로 오게.' 하고 유혹하고 있는 것처럼 보이기도 한다.

그러나 미숙한 인간은 그런 유혹에 빠져서는 안 된다. 샛길에는 함정이 있을지 모르고, 그 앞이 막다른 곳일지도 모른다. 어떤 위험이 기다리고 있을지 모르고, 잘못을 깨달았을 때 본래의 왕도로 되돌아갈 수 있는 보장도 없다.◈

사물의 본질을 꿰뚫어 보아야 한다

세상에는 아무래도 좋은 사소한 일이 수없이 많다. 내버려 두어도 괜찮은 일에 신경을 쓰기 시작하면 자신도 모르게 참견하고 싶어진다.

고민하거나 기웃거리는 사이에 귀중한 시간과 노력을 소비한다. 그러나 어차피 '아무래도 좋은 일'이기 때문에 '얻는 것은 아무것도 없었다.'라고 실망하는 경우가 대부분이다.

가지에 시선을 빼앗긴 동안에는 나무를 볼 수가 없다. 또 나무에 시선을 빼앗겨서는 숲을 볼 수 없다.

전체상을 파악하지 않으면 자신이 어디에 있는지, 무엇을 해야 하는지 알 수 없다. 자신을 잃어버려서는 사물의 본질을 꿰뚫어 볼 수 없다.◈

You have to live in the present

미움에서 벗어나는 방법은
상대를 존중하는 것이다

　인간의 마음속에는 타인에 대한 적의가 내재하여 있다. '미움'이라는 감정은 특별한 이유 없이 자연발생적으로 샘솟는다. 소위 본능과 같은 것이라고 할 수 있다.

　이런 꺼림칙한 감정은 때와 장소도 없이 끊임없이 발생한다. 그래서 사전에 방비하기도 곤란하다.

　이 이유 없는 미움에서 벗어나는 방법이 단 하나 있다.

　그것은 상대를 존중하는 것이다. 인간은 자신이 존중받으면 상대방에게도 존중하는 마음을 품는 습성이 있다. 자신을 소중하게 대해 주는 사람에게는 미워하는 마음을 가질 수 없다.◈

열매를 키우지 못하는 나무는
이파리만 무성하다

나무에는 '열매를 맺는 나무'와 '그렇지 않은 나무'가 있다. 열매를 맺지 못하는 나무는 이파리만 무성하게 키운다.

인간으로 말하면 말한 것을 반드시 실행하는 사람은 '열매가 되는 나무'로, 말뿐인 사람은 '열매를 맺지 못하는 이파리뿐인 나무'이다. 이 둘을 구분하는 것은 몹시 어렵다.

'나쁜 일은 하지 않지만 좋은 말을 하는 일도 없는' 사람은 변변치 못한 사람이다. 그보다 더 변변치 못한 사람은 '나쁜 말은 하지 않지만 좋은 일도 하지 않는' 사람이다.

'불언실행(不言實行)'은 나쁘지 않다. '유언실행(有言實行)'에는 가치가 있다. '불언불실행(不言不實行)'은 도움이 되지 않는다. 곤란한 것은 '유언불실행(有言不實行)'으로 가장 나쁘다. 말뿐인 사람은 많고 실행하는 사람은 적다. 열매가 되는 나무가 적은 것과 마찬가지이다. 우선은 성실하게 행동을 하는 것이 중요한 것이다. ◈

지나친 확신에 사로잡히지 말아야 한다

삶을 살아가면서 자신감에 차 있다는 것은 참으로 좋은 일이다.

그러나 자신감은 좋지만 놓인 일에 너무 확신하는 것은 마이너스가 된다. 그것은 자신감과는 다른 말이다.

자신감은 자신의 능력 인식에서 나오는 것이다. 그러나 확신이란 것은 자기최면에서 나오게 된다.

무슨 일이든 너무 좋게 느껴지는 일들 속에는 항시 함정이 있게 마련이다. 그것은 가시와 같은 것이다. 그런 일을 놓고 가벼운 자들은 흥분감에 들떠 성급한 확신하게 된다.

어리석은 자들은 항시 지나친 확신에 사로잡히게 된다.

세상은 만만치가 않다. 내게 유리한 것은 적들에게도 마찬가지이다.

세상을 살다 보면 승리를 해서 얻을 수 있는 것들보다 고집을 부려 잃게 되는 것들이 더 많다.

완고함을 보여주는 인간은 진리를 보여주고 있는 것이 아니다. 그것은 조잡한 성격만을 보여주게 될 뿐이다. 그들의 신념만은 인정해 주고 싶지만 불행히도 그것은 자신의 무지에서 나오게 되는 경우가 태반이다.

그것은 신념이 될 수 없으며 단지 무지한 고집에서 나올 뿐이다. ◈

행운의 사람이란
운을 자신의 손으로
끌어당기는 힘을 가지고 있는 사람을 말한다.
기꺼이 손을 내밀어 동료로 친하게 지내고 싶어 한다.
그렇게 하면 행운의 사람의 삶의 방식을 배울 수도 있고,
자신도 행운의 길로 나아갈 수 있을 것이다.